# 想加薪？多讀書！

## 職場無敵箱田讀書法

箱田忠昭◎著
彭建榛◎譯

# 前言

## ◉愉快的學習

以下是某個日本人的經歷。

- 神奈川縣縣立高中第一名入學（新生代表）
- 赴美留學，以威斯康辛州立葛蘭氏伯格高中第一名的成績畢業
- 曾獲得威斯康辛州高中數學競賽優勝
- 二十二歲時獲得明尼蘇達州聖歐勒夫學院雙學位
- 二十四歲時獲得堪薩斯州立威奇塔大學研究所雙碩士學位（公費生）
- 同年成為第一位取得堪薩斯州立高中教師資格的日本人
- 哥倫比亞大學研究所博士
- 三十歲時通過堪薩斯衛斯理大學助教授考試，成為最年輕的助教授

看了以上的經歷，也許你會想這個日本人真厲害，連美國當地人都不見得做得到的

事，他卻都能做到。其實，以上這些是我的次子箱田賢亮的經歷。

如此宣揚自己的兒子，也許會讓人覺得我在老王賣瓜，不過我還是想將這個事實告訴大家。

我的兒子頭腦並不特別出色，而且嚴格說來他還是那種不愛讀書的類型。他在上高一之前都在日本就學，可是我幾乎沒看過他用功讀書的樣子。

「你偶爾也唸唸書吧！」雖然我也曾經這樣對他說教，他依然不是看漫畫就是打電動。即使他今年已經三十三歲，還是一樣地漫畫和電動不離手。

總之，他是那種與書呆子和只會K書的宅男有著天差地別的人。而且他在小學時代不但常打架，還是個孩子王。

有人問我兒子，為什麼這樣的他竟能在兩年的時間內拿到雙碩士學位？結果他回答：「重點在於讀書方法。我們得讓讀書像在打電動一樣好玩才行。」

**確實如此。無論是工作或做任何事，如果不能從中找到樂趣，肯定無法持之以恆，並且難有成就。**

美國的大學和研究所同樣也要求學生必須用功唸書。

就讀美國學校在學業上的負擔要比日本的大學重上好幾倍，所以正如我兒子所說的，若不在其中下點工夫，讓讀書這件事變得有趣一點，就根本沒有辦法持續。

我兒子是將看漫畫和打電動的心得運用在讀書上，才得以應付自如，詳情我會在書中向大家說明。

## ◉你現在做什麼，決定自己的將來

以前的我只是個從土浦來的鄉下土包子，既有容易臉紅的赤面恐懼症，又有自卑感。

但這樣的我卻仍能在四十一歲時創立了Insight Learning這家公司，教導大家演講、提案及談判溝通的技巧。

這都要歸功於我在年輕時書讀得還不錯的緣故。

我曾經前往涉谷一所市民大學和竹村健一、堺屋太一等名人同以講師的身分演講，那是一個將近兩百人的場合。跟著這些有名的講師們，我十分賣力地演講。甚至當場有聽眾對我說：「大師，請收我為弟子好嗎？」

我的演說至此掀起了高潮，說到激動處，我甚至將自己的西裝往地上摔。就連公司裡的講師松本幸夫也對我說：「老師，我想你已經掀起這場演說的高潮了，應該可以收斂一下吧！」

聽到這句話後，我想起戴爾・卡內基也曾在講到激動處時摔過椅子，這時的我突然有一股很深的感慨。因為一位曾經為赤面恐懼症而苦惱的人，竟然可以鼓起勇氣在數百人面前演講，還因為過於激動而被提點要稍微收斂一下。所以我深深覺得——人，真的可以改變自我。

## ◉讀書可以改變你的人生

本書將透過我自身的經驗，以淺顯易懂的方式告訴各位如何抓住要領，運用有效率的方式讀書，讓自己的工作和人生獲得成功。

我因為懂得如何讀書學習，所以成為英文專家，如今也算是功成名就，被人稱為「名師」。還有人封我一個「超級魅力講師箱田」的重量級「尊稱」，真是讓我受寵若驚。

其實我要說的只有短短幾個字，那就是：「**讀書可以改變你的人生**」。

請好好運用本書，讓自己的人生變得精采而豐富。

箱田　忠昭

目錄

## 第2章　成功者擁有自己的人生目標

## 第5章 成功人士提高記憶力的方法

## 第6章 成功人士提升效率的讀書法

# 第7章 成功人士騰出讀書時間的方法

## 第8章 與別人拉開差距的讀書祕訣

# 第 1 章

# 以這種讀書方法
# 實現你的夢想

# 1 懂得讀書的人才會成功

## 設定目標努力讀書

### ◉你能做得比自己的薪水超值嗎？

數年前日本因為泡沫經濟崩潰，許多上班族都遭到裁員。

根據當時日本經濟新聞社所進行的問卷調查，大多數被裁的人「從未想過自己會被裁員」。

同時這些人也表示，「早知如此，年輕的時候就應該更努力些」。

的確，若是能在年輕時多讀點書加強自己的實力，也許就不會成為被裁的一員了。

只要擁有對公司產生貢獻的能力並加以發揮，相信公司一定會視你為不可或缺的人才而留住你。

落得被公司裁員的下場，通常表示你已經無法對這家公司有所貢獻，或是你的工作內容無法等值於領的薪水。

我認為上班族大致可以分成三種類型：做得比自己的薪水超值的人、做得與自己的薪水等值的人、只願意做得比自己的薪水少的人。任何一家公司都會有這三種類型的員工。如果仔細看看自己周遭的同事，你會發現第三種類型的人數最多。

其中年齡超過五十歲的，也就是所謂的中老年族群，他們往往給人一種薪水高、不做事、只會擺架子的印象。

與其說這種人本身不好，不如說是日本企業的公司制度產出了這種類型的人。

在以前的年代，只要從好學校畢業，每天笑容洋溢地準時到公司上班，就可以憑藉年功序列（依員工的年齡或年資決定其職務與工資的人事升遷敘薪制度）和高學歷一路晉升到總經理的職位。

但現在不一樣了。不分學歷、年齡和性別，只要工作能力強，並對公司做出貢獻，越來越多人都因此而飛黃騰達，獲得優渥的薪資。

重點就在於**「你能不能做得比自己的薪水超值？」「你能對公司有多少貢獻？」**

## ◉ 煮蛙症候群可怕之處

就像「大企業病」這句話所形容的一樣，實際上願意每天從早到晚都熱中於工作並替公司帶來龐大利益的人非常少。

一般人大抵會有「希望工作輕鬆，不想做討厭或辛苦的工作，但又想獲得高薪」的矛盾想法。

其實我們應該逆向思考，要做得比別人更多，並且挑戰困難的工作才對。

來談談關於「煮青蛙」的著名寓言故事吧！

在裝滿水的大鍋裡放入一隻青蛙，並在鍋下方生火。一開始，青蛙以愉快的心情享受「泡湯」的樂趣。

隨著水溫漸漸上升，青蛙也慢慢適應水的溫度。當青蛙習慣之後，就覺得熱水似乎也不是那麼燙。

但是當加熱到一定的高溫後，水開始沸騰了。此時青蛙心想：「糟糕！這樣下去我會被煮熟！」於是急忙想從鍋裡往外跳。

然而已經太遲了！青蛙全身燙傷，跳不出去，於是被煮熟，死在鍋中。

◆別患了「煮蛙症候群」！

青蛙舒服地浸泡在溫水之中，
等發現情況不妙時已來不及跳出了！

這就是所謂的「煮蛙症候群」。

這個寓言也適用於上班族。許多上班族會因為進入像溫水般舒服的環境而感到安逸，然後就像那隻青蛙一樣慢慢地被煮熟，等到想跳出來時已來不及了。

## ◉不要陷入「割稻症候群」

除了「煮蛙症候群」之外，還有一個類似的名詞：「割稻症候群」。時序入秋之後，有的人想：「好極了！收穫的季節到了，來努力割稻子吧！」但就算他有這個心也做不到，因為他並未在春天播種，所以此時根本無稻可割。

相反地，只有努力在春天播種並且除雜草、灌溉的人，才能在秋天有所收穫。春、夏季節什麼都不做的人，就算到了秋天想力圖振作，也很少能有成果。

屆臨退休之年就等於是人生的秋天。如果陷入「割稻症候群」，這個時期就算你急忙地想要收穫，也會一無所得。所以在年輕的時候確立目標並朝此方向努力，是非常重要的關鍵。

## 讀書能讓自己看見未來！

### ◉拜讀書之賜，我才能當上董事長

我當年就讀的大學麻將風氣鼎盛，所以學生們只要一有空，都會到學校附近的麻將館來場方城之戰。

不過我個人絕對不玩麻將。別說是麻將，我連菸酒都不沾，對賭博也沒興趣。我認為與其花時間打麻將，不如去唸喜歡的英文還比較有趣。此外，撇開菸酒的利弊不論，我因為太窮沒錢才與菸、酒、賭絕緣。

當時的我除了修讀大學正式課程之外，晚間還到四谷的「日米會話學院」去上英文課。從週一到週五，每週五天研習英文。

大學畢業後，我進入一家外商公司上班。因為是外商公司，所以擁有英文能力當然絕對有利，如果英文太差將無法晉升高位。

我就是因為有此體認，才拼命地加強學習英文。同時我還特地去學如何領導統御。

結果呢？

我二十七歲時成為課長，二十九歲當上經理，三十三歲時升到總經理，然後在三十八歲時接任外商公司的董事長。

這都是因為我在年輕時努力讀書的緣故。

我想這就是所謂「未雨綢繆」和「打鐵趁熱」吧！

**各位！從今天開始，積極地為你的將來做準備吧！**

# 2 擁有不遜於他人的特點

**創造核心競爭力**

## ◉由 Only One 變成 Number One

每個企業都有其擅長和不擅長的領域。

有的公司會表示：「也許我們的硬體設備未盡理想，但軟體部分絕對不輸別人。」當然也有正好相反的公司。

有的公司規模雖小，卻在某一領域上擁有完全不遜於其他公司的頂尖技術。這樣的公司相當具有競爭力，今後的成長也指日可期。

任何公司只要具備自家獨有的壓倒性強項，即使只有一項，就能在商場上與人爭勝。這種能在市場上確立自己的優勢並讓業務蒸蒸日上的特點，對企業生存絕對不可或缺。

個人的能力也是如此。

**我們必須要在某個領域中由Only One（唯一）變成Number One（第一）。**

這種絕不遜於任何人的專業能力，如今稱為「核心競爭力」（Core Competence）。

你有自己的核心競爭力嗎？

日本長期以來都沿用著年功序列和終身僱用制。

但是，現在這兩種制度都已經搖搖欲墜，面臨土崩瓦解的狀態。

今日的社會是實力主義掛帥，年紀輕輕卻總綰要務且日進斗金的人已經越來越多。

以往那種「不遲到、不請假、不做事」，只要乖乖來上班就能逐步獲得升遷和加薪的時代一去不回了。

**「你到底會什麼？」才是人家願不願意僱用你的重點。**

事實上，在這個世界裡，什麼都不會的人要比你想像中來得多。

## ◉「笨蛋！總經理我什麼都會！」

今後，中層管理職位會漸漸消失，整個公司的組織會趨於扁平化。

目前位於中層管理職的四、五十歲主管們，有的只會像前文所說那樣不做事、坐領高薪、習慣擺架子，還偏偏老愛提當年勇，背後造謠中傷也很起勁。

以公司的立場來說，其實不需要這種人。

在以前，也許只要熬個三十年就能坐上總經理的職位，但就算貴為總經理，我們仍然會質疑：「他到底會什麼？」

如果向在公司奮鬥了三十年的總經理說：「總經理，我對電腦不太在行，請您教我好嗎？」也許得到的答覆是：「山田老弟啊，我的電腦也不行耶！因為我最討厭電腦。」

還有，「總經理，這次的企劃書我必須以英文書寫，請您指導一下好嗎？」

「啊，山田老弟，我最討厭洋文了，所以不是很拿手。你問別人去吧！」

或是，「總經理，我要在下次的分店會議上發表新產品的企劃方案，請您傳授我上台發表的技巧好嗎？」

「山田老弟啊，我最怕在大家面前說話了。你還是去找別人吧！」

會像這樣回答的總經理，我想應該不在少數才是。也就是說，其實他什麼都不會。

但要是你膽敢問他：「那麼請問總經理，您到底會些什麼？」可能他還會回你：「笨蛋！總經理我什麼都會！」

一言以蔽之，他並未利用這三十年累積自己的專業能力和技能知識（Know How）。即使他曾擁有相關知識和技能，但在日新月異的現代社會裡，也可能一天天地消磨而退化了。

因此，我們必須致力於擁有自己的核心競爭力才行。**再冰冷的石頭，在上面坐三年也能使它溫暖。所以從今天開始還來得及，趕緊創造屬於自己的核心競爭力吧！**

## 身懷「三、三、三能力」

### ◉磨練你的專業核心能力

我總是教導年輕人要「**身懷三、三、三能力**」。

所謂的「三、三、三能力」，是指即使你現在辭去工作，也能讓你在三個月內找到至少三家公司願意付比現在高出三成的薪水給你的能力。

只要具備「三、三、三能力」，就什麼也不用擔心。「三、三、三能力」就是自己務必磨練培養的專業核心能力。

◆「三、三、三能力」是什麼？

擁有在 3 個月內找到至少 3 家公司
願意付比現在高出 3 成的薪水給你的能力

↓

務必磨練培養自己的
專業核心能力

我的興趣是坐禪、衝浪、健身、聽鄉村音樂等，但都不是很擅長。比如衝浪和鄉村音樂，我就怎麼也學不好。

但是我從二十四歲開始，就對在眾人面前說話非常重視，於是我在二十五歲到三十多歲這段期間就拼命地學習如何在眾人面前演講。

我除了晚上到學校選修相關課程之外，還前往美國留學，而後在每週六、日拜師持續學習，終於在三十三歲時取得以說話術、人際關係、銷售技巧聞名的卡內基課程的資格認證，成為日本地區的講師。

此後到我四十一歲的八年之間，晚間我都會在開設卡內基訓練課程的學校指導商務人士。

我在眾人面前演說和指導別人的能力，就是這樣經年累月鍛鍊而來。

換句話說，我的核心競爭力就是在眾人面前演說和指導別人。

至少在這個領域裡我有自信心，並且擁有不輸任何人的能力。

所以當我四十一歲辭去聖羅蘭日本分公司董事長的職位時，雖然是因為公司內部的一些問題而不得不離職，但心裡卻直呼「真是太好了」。

「只要在這個時候請辭，我就可以從公司那裡獲得一大筆退職金，然後我可以利用這筆錢來自立門戶。對了！就拿來從事至今一直拼命學習的『教導』工作好了！」如此下定決心後，我得以從次日開始就有可餬口的職業。

我決定從事企業教育的指導工作。

至今，我已擔任過富士通、新日本製鐵、富士軟片等日本超級企業的講師，並繼續活躍於該領域。

這全要慶幸於我具備了「三、三、三能力」的緣故。

**你也應該找出自己「不遜於任何人」的長處，並以它當成人生職志。**

軟體開發也好，簿記也好，開拓銷售客源的業務也好，任何領域都行。

重要的是具備在該領域裡能於公司內引起震撼的壓倒性堅強實力。此外，盡量考取相關專業資格的認證。

## ◉從今天開始

只要擁有「能賴以維生」的專業能力，你就不必擔心退休後或是被資遣之類的問題。不僅如此，你將來還有可能因此致富。

我的禪學師父常在色紙上寫下**「人生從今天開始，就讓我們從今天開始吧」**這樣的字句。

從今天開始努力還來得及。就如我之前所說：「再冰冷的石頭，在上面坐三年也能使它溫暖。」

在三年之內忘了所有不相干的一切，認真地讀書學習吧！這樣你一定能成為某個領域的專家。

## 率先開始讀書

### ◉擁有夢想，讀書一定能持之以恆

我年輕時曾任職外商公司的業務員，所以當時我拼命地學習推銷和行銷的技巧。由於我也強烈希望能在外商企業獲得事業成功，同時還拼盡全力苦讀英文。

此外，我認為發表能力好的人較容易出人頭地，因此我從卡內基訓練課程結業後，白天是正常的上班族，晚上則兼職當講師的助手，希望能藉此學會高超的發表技巧。總之，我在那段期間學了非常多日後派上用場的知識與技巧。

苦心努力的結果，如今我能不打草稿就發表兩小時左右的英語演說。雖然這麼說似乎有點自賣自誇，不過還真是一項少見的能力。

我的行銷能力、英語能力以及發表能力等，都是靠活用讀書法的方式培養而成。

**人，只要擁有夢想，並藉由好的讀書方法加以實踐，就必定能夠獲得成功。**

## 第1章 重點

◎「你能做得比自己的薪水超值」才能讓老闆願意僱用你。

◎從 Only One 變成 Number One！

◎人生從今天開始，就讓我們從今天開始吧！

◎只要擁有夢想，並藉由好的讀書方法加以實踐，就能獲得成功。

# 第2章

# 成功者擁有自己的人生目標

# 1 讀書是為了擁有更好的人生

## 讓人生目標與讀書目的一致

### ◉讀書沒有目的難以持久

沒有任何目的，只為了讀書而讀書——除非你是熱中於考證照的人，否則通常這樣讀書難以持久。沒有任何目的的學習是相當困難的一件事。

但如果是關係到職位升遷的考試，或是已經對親友宣稱「我參加ＴＯＥＩＣ考試要拿到七百分以上」，相信這一定能使你的戰鬥力猛然飆升。

不過大多數的時候，我們都只是心血來潮，很難有那種「能夠一直持續相同幹勁」的原動力。

**所以任何的讀書學習，最好都與你的「人生目標」一致。**

美國心理學家馬斯洛（A. H. Maslow）曾說過，人類的最高欲望就是「自我實現」。只要能找到願意窮極一生去實踐的人生職志，我相信一定就能努力不懈地維持讀書學習的習慣。

像我之所以想要「學習溝通」，就是因為想在工作上獲得成功的緣故。當然，事情並不只是這麼簡單。

想要在工作上獲得成就，其實還與家庭和經濟等有著密不可分的關係。

我年輕時曾在外商公司「住友3M」上班，月薪是六萬八千元日幣。當時我已有論及婚嫁的女友，她是日本航空公司的空服員，而且還是那時入行門檻極高的國際線空服員。

她的月薪超過二十萬日幣，是我的薪水三倍之多。所以即使雙方已經訂下婚約，她的父親還是至少對我說了三次：「箱田啊！我看這場婚事還是取消好了……」

因此，為了讓女友在婚後能當個幸福的家庭主婦，我必須要在工作上獲取重大的成功，並且增加好幾倍的收入才行。

當時對我來說，擅長溝通的技巧不只是「學習」而已，更是一項攸關人生的重大課題。

因為就外商企業來說，最重要的就是溝通技巧。

所以連「為了取得證照而學習」的這種讀書動機，相較之下都還顯得小巫見大巫。

由此可知，如果能像我一樣，將「讀書」的成果與結婚、家庭、經濟等自己的人生畫上等號，相信你一定會拼命地將它完成，最後你就能得到渴望的結果。

## ◉人生的六大重要支柱

對我而言，人生的重要支柱有以下六項：

- **工作**
- **家庭**
- **經濟**
- **自我實現**
- **健康**
- **其他（興趣、社會貢獻、特殊才藝、交朋友等）**

◆人生六大重要支柱

- 工作
- 家庭
- 經濟
- 自我實現
- 健康
- 其他
  （興趣、社會貢獻、
  特殊才藝、交朋友等）

## 讀書能滿足這些不同的項目

我認為上述這些都是缺一不可的人生重要支柱。

如果這些支柱不能好好維持，你的人生就會像沒有樑柱的家，或是像由偷工減料的建築商所建的房屋一般，只要一次地震，就可能將你的家（＝你的人生）震得支離破碎。

**讀書正是能讓這些成為你人生支柱的項目獲得滿足的必要條件。**

以我為例，溝通（日文和英文）、專業的銷售和行銷技巧等方面的學習，就與工作、家庭和經濟緊密連結在一起。

同樣是背一個英文單字，但是「能在考試時得到好分數」與「能幫助工作順利進行，讓自己的薪水增加，還能與女朋友結婚讓雙方父母安心」之間，就有截然不同的差異。

接下來，讓我們再看讀書還會對人生造成什麼樣的強烈影響。

## ◉保持讀書與其他領域的平衡

假設你的工作非常順利，經濟上也沒有問題。

但是你的家庭生活卻總是一團混亂，整體來說應該算不上什麼美好的人生。

相對地，無論家庭生活再怎麼樣幸福和樂，但是你既沒工作也沒有錢，美滿的家庭生活不久也會變調。

或者是你的工作、家庭和經濟全都沒有問題，但卻罹患重大疾病而失去了健康，這樣也無法擁有光明的人生。

身為成功人士並以教導別人成功為業的保羅・梅耶（P. J. Meyer），曾經為成功下了一個定義：

**「先設定一個（對你而言）有價值的目標，然後一階段一階段地實踐它。」**

當然，每個人的人生目標都不同，此外價值觀也因人而異，所以每個人對於成功的定義應該不同。

對某些人來說，或許能存下兩億元好養老是他所謂的成功；也有人認為，住豪宅、開名車才是所謂的成功。此外，有不少以參加志工活動為人生目標的人認為，心靈上的滿足才是真正的成功。

還有，只想專注於某種領域的研究、立志要寫出一本專門的著作，或是以榮獲諾貝爾獎為目標等，都算是通往成功的道路。

重點是要不斷地努力朝向自己的目標前進。

例如以出版一本自我實現的著作為目標的人，就應該投入相當的精力與研究，並且訂定一張讀書計畫表。

對我來說，坐禪就是一個自我實現的重要支柱，因此我曾以出版一本坐禪的相關書籍為目標。現在，我已經出版了兩本相關的著作。

讀書可以視為是讓自己的生活過得更美好的一種手段，所以經常保持讀書與「人生其他重要領域的平衡」相當重要。

# 2 絶對能實現目標的方法

## 善用視覺化手法確認目標

### ◉自己為了什麼目的讀書？

讀書時絶對不可欠缺「幹勁」。

仔細想想，其實上班族並不太容易挪出時間來唸書。

不過，只要有心努力，就可以靠自己爭取讀書的時間。比如說英文單字沒背好就要上絞刑臺，相信這麼一來不管多忙碌都會抽出時間來吧？所以重點在於你本身有沒有用心。

提高幹勁的其中一種方法，就是十分清楚「**自己為了什麼目的讀書**」。

如果不清楚自己的讀書目的，讀起書來就猶如「堆石頭」一樣乏味。

但若是你能將讀書想成「我是為了建造一座大城堡才將石頭堆在那座地基上」，那麼即使是如同「堆石頭」般單調的K書，我們也能從中找到「樂趣」和「價值」。

## ◉將目標「視覺化」

好，即使已建立一個遠大的願景或目標讓自己願意讀書，可是當從事諸如背單字這類細瑣的內容時，就實在很難想像眼前做的這件小事與我們的偉大目標有什麼關聯。

針對這點，我有一個好方法。

**那就是將你的最終目標——也就是你現在辛辛苦苦地學習完成後會得到什麼樣的成果——予以「視覺化」。**

這與歷來都有學生將「考上〇〇大學！」等自己的報考志願寫在紙上張貼起來有異曲同工之妙。所以如「司法官考試及格」、「TOEIC考試七百分」等，重點是我們將自己的讀書目的寫出來，化成「眼睛看得見的形式」。以現在流行的說法來形容，就是讓目標「視覺化」。

寫出來的標語最好簡短些，例如「高中！」「七月必上！」等短短一句，這樣無論是看或是唸都比較方便。此外，不只張貼在自己的房間裡，廁所、洗臉台等地方都可以貼上這類振奮的標語。

## ◆讓目標看得見

如果要貼在醒目的地點，記住重點也是要「簡潔有力」。

此外，如果是寫在記事本上提醒自己，句子就可以寫得長一些，如：「明年我的TOEIC考試要拿到七百分。」但如果要張貼出來，寫成「TOEIC七百分！」或是「目標七百分！」會比較有震撼力。

在我們的心靈深處，有一片稱為潛意識的領域。只要讓目標進入潛意識當中，我們日常的無意識行為就會產生改變。

自己每天看到「TOEIC七百分！」之類的標語，不久就會無意識地做出為了達成這項目標的行動。

例如朋友邀你去喝一杯的時候，你會本能地在三次的邀約中至少有一次說：「抱歉，今天我要唸書，你們去就好了。」

而當你察覺自己正在浪費時間，也會適時地提醒自己：「糟糕！我得去念TOEIC的書才行！」

你所以會主動做出這樣的行為，其關鍵就在於將目標「視覺化」。其實不只是形諸文字而已，照片或是電腦桌面也能達到同樣的效果，重點是將你的目標化作影像映入眼簾。將目標「視覺化」，就是讓你燃起讀書鬥志的關鍵。

## 將目標劃分成短期、中期、長期

### ◉將短期目標數值化

即使是自己的人生目標，不過突然要自己預測幾十年後的事，其實也有困難。所以我們得先訂立一個大概以一兩年為限、較有真實感的「短期」目標才行。

如果你是剛進公司的菜鳥，可以先從身邊的一些事開始訂立目標，譬如說做好自己被分配到的職務。但是你訂立的目標可不只是如「做好自己份內的工作」這麼簡單敘述，還必須將目標數值化才行。

例如，「原本要花兩小時的A工作，在兩年內得進步到一小時就能完成」、「要在一年內開發出三個新的大客戶」、「要在今年內考取○○證照」等。

此外，你也可以擬出「一天當中要打電話給十家公司以開發新客源」之類的「To Do List」（應做的工作清單），當成自己的行動目標。

## ◉中期目標即使只有大綱也無所謂

接著必須要決定中期目標。所謂「中期」，指的是三年以上、五年以下的期間。這樣的期間，大概已經瀕臨讓人保有真實感的極限了。

無論如何，我們得從「長遠的眼光」著想，將一、兩年內可能無法達到的目標列入中期目標。

中期目標也許較難以數值化，不過我們還是應該將它訂立出來，即使簡略一點也沒有關係。

重點在於「目標可以修改」。我們只要先決定個大綱，之後再視情況予以變更或修正就可以了。

就如同發射飛彈一樣，目前這樣的大綱其實只是「初期設定」而已，所以萬一方向有誤，有可能會無法命中目標。但是無須擔心，只要屆時再加以修正，就一定能達成自己要的目標。

## ◉將長期目標當成一生努力的目標

最後就是長期目標。我們可以先將長期目標視為一個「口號」。因為幾十年後的事物，我們實在很難去想像。

不過，找一個自己最有興趣的領域，然後將它當成自己人生的志向來認真學習，這真的是一件非常快樂的事。

「二十年後，我就能在峇里島的別墅中悠閒度日……」光是這種私欲性質十足的目標想像，就足夠讓你每天維持工作和學習的「高漲熱情」。

試著將人生各個重要的領域規劃出短期、中期及長期目標，然後在假日空閒時寫在便條紙上。我覺得這也是一種既有創意又有趣的作業。

請好好思考自己將來想過什麼樣的人生。

然後制定出一個能讓這樣的人生理想實現的讀書目標吧！

## ◉看不到馬上就會忘記

「在外商企業中獲得成功，並成為董事長！」這是我年輕時所設定的遠大目標，而且我為自己定的期限是要在四十歲之前當上董事長。

「在外商企業中獲得成功」這個理想雖然不錯，但真正的「目標」應該要更具體一點才行。

**①期限**

**②具體目標**

**③寫在紙上（計畫表）**

唯有這三項條件俱全，才能稱之為「目標」。

①明年的四月一日之前

②在TOEIC考試中拿到七百分

③擬定①、②的計畫表

## ◆將目標明確化

1 訂定期限

2 將目標具體化

3 寫在紙上

你必須如此詳細地訂下計畫才行。

也就是說，所謂的目標必須具備**「要做什麼、什麼時候、做到什麼程度」**這幾項重點。

只要寫下目標，當我們每次看見的時候，就會想起自己的目標是什麼，所以將它寫在記事本或是放在電腦桌面上都可以。

如此一來我們就能隨時提醒自己：「啊！對了，我得趕快準備TOEIC考試才行！」

有這麼一句英文諺語：「Out of sight, out of mind.」可以譯成「久別則情疏」。

不過我倒喜歡將它當成一句警惕自己讀書及不要忘記讀書目標的標語，因此翻譯成**「看不到馬上就會忘記」**。所以，將自己的目標明確寫出來非常重要。

## 第 2 章
## 重點

◎讓讀書目的與自己的人生目標一致

◎記得與讀書以外的領域取得平衡

◎讓目標視覺化

◎將目標劃分成短期、中期、長期

◎目標必須具備「要做什麼、什麼時候、做到什麼程度」這三項條件

# 第3章

# 成功人士提高幹勁與持續力的方法

# 1 不怕挫折、堅持到底的訣竅

## 以凱撒大帝式讀書法唸書

### ◉將大目標細分成小目標來執行

當你讀書的時候，是不是曾經因為過於棘手而將應該做的事「延後」？

假設你現在必須唸英文。

你的目標是背一千兩百個單字，但如果要你以「一天」的時間就將這麼多單字全部記住，首先你會覺得不可能，再來你會覺得非常掃興，最後變得意興闌珊。

那麼你應該如何才能在沒有心理壓力的情況下以一年的時間將一千兩百個單字全部背起來呢？

首先，你可以把所有單字分成十二個月來唸，也就是每個月背一百個單字。

## ◆凱撒大帝式讀書法

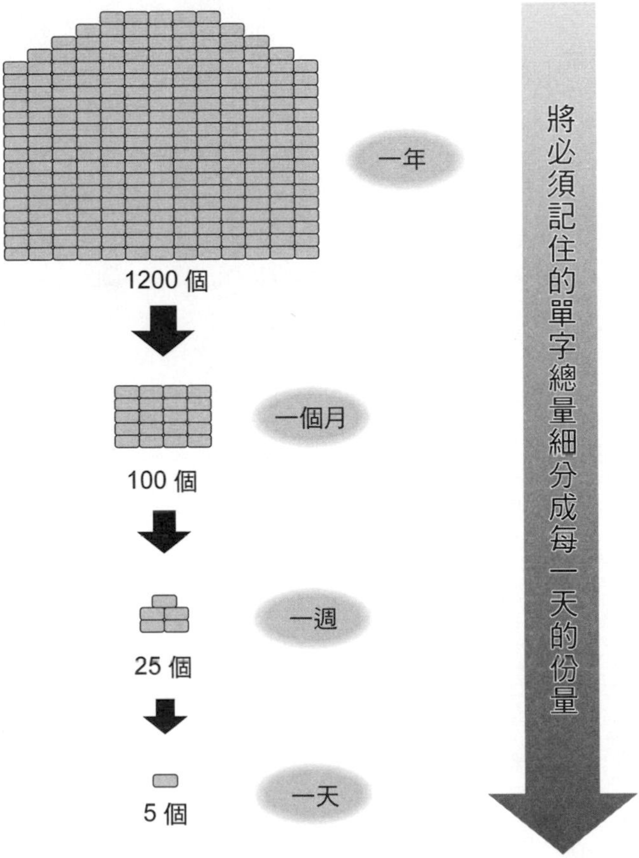


將大目標細分成小目標

再將一百個單字量除以四，也就是二十五個，這是一週要背起來的份量。

假設一星期內有五天要背單字，就再除以五。這樣一來，一天要背的單字就只剩下五個了。

於是，你只要每天在通勤往返的時候背五個單字，一年後就可以將一千兩百個單字背起來了。

這個方法就是要如上述這樣先將要做到的目標分割，從一個月要做多少、一週要做多少，一直細分到一天要做多少，逐漸將份量切割。

## ◉分解，然後一一征服

這種方法，我稱之為「凱撒大帝式讀書法」。

據說凱撒大帝曾受到幾十萬敵軍攻擊，當部下們驚慌失措的時候，凱撒大帝卻冷靜地這麼說：

「Divide and conquer.」（分解，然後征服！）

也就是說，即使遇到了幾十萬大軍，但只要將其分解後再予以各個擊破，那每次面對的敵軍也只不過是少數而已，沒什麼好怕的。

這就是我希望各位在遇到龐大的讀書量時能思考的方向。

**記得將大目標分解成一個個小目標，這就是訣竅所在。**

## 一階段接一階段前進的里程碑法

### ◉將複雜的學習內容分解成各個階段

有時候所要學習的內容不只需要單純的背誦而已，還會遇到比較複雜難理解的部分，這時就要運用「里程碑法」。

從前在南來北往的道路旁，每隔一里會設立一塊小石碑，碑上標示與某地相距的里程數，以便旅人們能清楚了解自己身在何處。這種小石碑也就是英文的「Mile Stone」（里程碑）。

因此我們也可以將學習的內容「分解」成各個階段，「讀到這裡算是一個階段」，「讀到那裡又是一個階段」，如此這般地設置各個里程碑。

在此請各位注意，務必要將這些里程碑「寫」下來。當然你也可以利用電腦軟體將它們「視覺化」，比如當達成率為七〇%的時候，可以將進度以圖表形式呈現。

舉例來說，當你立下「TOEIC七百分」的目標之後，就會發現自己將有單字、文法、閱讀、聽力等等的「任務」（Task）。

這時你要將所有任務全都寫下來並標上期限，以圖解的形式告訴自己「什麼時候要做什麼事」。例如單字的部分，你可以安排一個由易至難的分階段背誦計畫。

以我而言，我會先列出二千四百個基本單字，接著列出次要的一千兩百個單字，然後是再次要的六百個單字、更次要的六百個單字，以及最後的六百個單字。這樣一來，我就可以從優先順序高的基本單字開始背誦。

接下來就是將這個階段表予以圖解，也就是轉為視覺化。

當我們確實地將學習順序「視覺化」之後，每當自己在確認行事曆、收發E-mail，或是看到電腦桌面時，自然就會想起：「對了！我今天應該背第二階段的片語了。」

總之，如果是大量而單純只需背誦的部分，就應該予以細分好減輕份量。只要心理壓力變小，讀書計畫就會變得較順利。

但如果面臨較複雜、難度較高的內容，不妨以「里程碑法」設下各部分的階段，然後一個一個地達成。

## ◆里程碑法

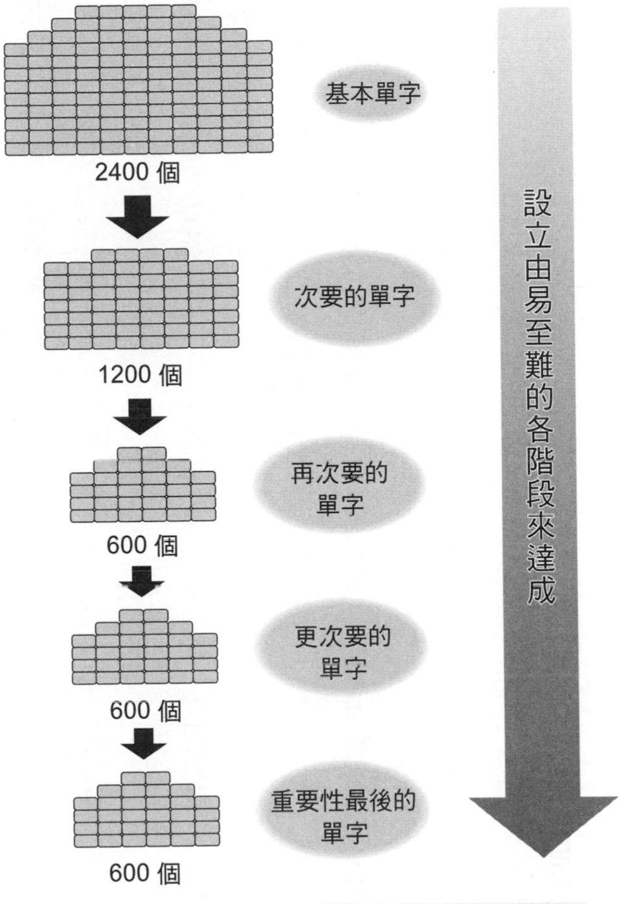


將「什麼時候要做什麼事」予以視覺化

## ◉向周遭的人大聲宣布

藉由里程碑法可以減輕「哎呀！原來讀書要這麼拼命喔」的負面壓力。此外，這種方式還可以掌握讀書計畫的整體流程，明確地知道自己現在完成的進度。

但是讀書如果一點壓力都沒有也不行，因為完全沒有壓力容易產生停滯，所以適當的壓力絕對有其必要。

有時也應該讓自己感受一下「火燒眉毛」般的緊迫感，好促使自己前進，如此一來也能提高幹勁和專注力。

我建議各位可以嘗試**「向周遭的人大聲宣布」**。

例如你可以不斷地向身旁的親友宣稱：「我要在明年四月以前拿到TOEIC考試七百分的成績！」或是：「我要在兩年內考上司法官！」

萬一沒有做到，也許身邊的人會認為你是個「只會出一張嘴」、「光說不練」或「沒有執行力」的人。

人類的欲望中，最強烈的首推「自己重要感」。也就是任誰都希望自己在他人心中是優秀的。

所以反過來想，要是說了卻做不到，自己在別人心目中的地位就會下跌，甚至遭到輕視。由此而生的恐懼感，就會形成我們認真讀書的原動力。

工作也是一樣。如果上司下令：「這週一定要達成我訂下的營業目標！」相信你一定會上緊發條拼命趕業績。這就是所謂「非做不可」的狀態。

《孫子兵法》裡曾說：「圍師必闕，窮寇勿迫。」意思是一旦將敵軍的退路堵死，對方退無可退，將會發揮驚人的反抗能力，讓我方難以招架。

假設你在一個房間裡決心置一隻貓於死地，即使對方只是小貓，牠也是會奮盡全力向你反撲。

連一隻小貓咪拼死捍衛生命時都能發揮出強勁的力量，我相信我們人類若有「破釜沉舟」的決心，必定更勢不可擋。

所以要善用這種力量，不妨將自己的退路截斷。套句歐美人的說法，就是「Burn the bridge behind you！」（燒了自己身後那座橋！）

**大聲地將自己學習的成果和努力的目標向身邊的人宣布吧！**如此一來，無論你願不願意，都非得繼續做下去不可。

# 2 改變一個想法 學習就會變得不同

## 改變想法，告訴自己如此做就能成功

### ◉總之先挑戰看看，反正我本來就不行

「我沒時間讀書！」

「我沒錢留學！」

「我實力這麼爛，不想去考！」

像這樣的負面思考方式，似乎真的讓人覺得讀書除了無望之外別無他物。

不過只要能替換成「我做得到」、「沒問題」之類的正面思考，馬上就會出現好的影響力。

試看看以「我要如何才能騰出時間」取代「沒時間」的想法吧！

「我通勤需要四十分鐘，也許可以在這段期間裡騰出時間讀一些書……」「如果要求自己早起三十分鐘，應該就有時間唸書……」我相信只要換換想法，你也能像上述一樣挪出自己的讀書時間。

接著就要想想，在這段時間內「該如何讀書」。說自己「做不到」、「沒時間」，比起已經將通勤車廂預想成「讀書的場所」，其間有相當大的差異。

也不要說「沒有錢」，不妨想想「也許明年八月以後就可能有錢了」，或是「如何才能籌措到資金」等，這種積極、有建設性的想法才是你需要的。

更不要說「自己沒有能力」，試著想：「這次就當作測試自己的實力，我放棄二級，從三級開始考好了。」或是：「總之先挑戰看看，反正我本來就不行……」這樣就可以讓自己抱著較為輕鬆的心情去應考。

順帶一提，《我本來就不行》是我第一本著作的書名。事實上人本來便不可能一開始就什麼都會，所以即使失敗一次也無妨，何不試著挑戰看看呢？要是能這樣想，相信你的人生會輕鬆快樂許多。

## ◉告訴自己，方法是無限的

我是踏入社會工作之後才前往美國留學。

也許你會想：「都已經在公司裡工作了，要怎麼去留學？而且我也沒有錢啊！」可是當我留學歸國，的確因為這樣的學歷有助於在日後當上外商企業的董事長。

如果我沒有到美國留學，也許我的人生會完全不同。我很慶幸當初是憑著「正面思考」來抵禦周遭一片「你做不到」的反對聲浪而留學美國，也很慶幸自己抓住了這個讀書的機會。

促使我付諸行動的原動力，便是「無論如何就是想留學」的信念。

因為「去美國鍍金回來，在外商企業中獲得事業成功」就是我的「人生目標」。

所以，如果各位懷抱著「一定要完成這件事」的堅強決心，或是內心深處有一個必定要達成的目標，讀書就不再是什麼苦差事，它反而會成為一件令你快樂的事。

# 讀書的方式無窮盡

## ◉人生從今天開始，就讓我們從今天開始吧！

人們內心的願望往往都能實現。因為人很少會去祈願一個「做不到、不可能」的事。我想各位應該不會希望「要到太陽上面看看」，而一位六十歲的人也應該不會希望自己「將來成為拳擊冠軍」吧？

你之所以會「想到英國留學」、「想考取建築師執照」，是因為這些願望有可能實現。

而且，「讀書的方法」其實無窮盡。

「人生從今天開始，就讓我們從今天開始吧！」這句話是我至今不變的信念。

在我年輕的時候，還沒有什麼數位化的學習法，別說是ＣＤ和ＤＶＤ了，就連放錄音帶的隨身聽都沒有，連「學習型雜誌」也是一本難求。

當時的網路並不普及，所以要學習只能藉由自學或是到學校上課。

對於現在可以選擇多種讀書「手段」的各位來說，讀書的方式真是「無窮盡」，而你也一定能得到成果。

## ◉我們是活在當下

人生的目標應該越大越好。

例如Softbank總裁孫正義先生，他曾在公司規模還小得只有一個裝橘子的箱子時，就說出「將來我一定要像數豆腐一樣，一一地數著我的兆元大鈔」這句著名的豪語。

還有企業家松下幸之助先生，他也曾訂立過長達二五〇年的人生計畫。

像這樣不只考慮自己這一代，連下一世代的願景都已經想到的長遠目光，可以說是成為一位成功經營者的條件之一。

那麼讀書呢？

我認為要達成目標的終極信念，就是「活在當下」。

也就是說，我們要將每一天都當成是人生最後一天，認真地活下去。

唯有認為自己的一生只剩今天而已，我們才能不浪費時間地努力生活。

只要經常確認「當天的目標」，你就能明白地知道「今天到底要做什麼」。人生就是由無數個今天所組成。

過去，就真的已經過去了，它絕對回不來也無法再改變。

同樣地，未來其實也不存在。明天不存在於今天，而等明天到了，又變成今天了。

**所以，人生就只有今天而已。我們必須要計劃今天該做什麼。**

希望你能於坐在書桌面前的當下，就立刻知道「今天要背的是這個條文」、「今天應該從第七頁開始唸」，然後立刻開始你的學習。

## 第3章 重點

◎將大目標分割成小目標

◎將複雜的內容分階段來學習

◎向周遭的人大聲宣布目標，讓自己沒有退路

◎轉化為「我做得到」的正面思考

◎告訴自己，讀書的方式無窮盡

# 第4章

# 讓英文精進的學習法

# 1 學習英文的關鍵

## 英文是一種密集性的學習

### ◉學英文和運動訓練一樣

學習英文其實與運動訓練很相似。我想大家在學生時代一定曾有接觸某項運動的經驗吧！

如果一週只練習一小時呢？

我相信這樣的運動方式只會讓你肌肉酸痛而已，而且技術也難以進步。

但如果你參加集訓，在一週內持續密集練習，必定使該項運動能力突飛猛進。

我從年輕時起就喜歡進行重量訓練，也就是所謂的健身。

如果一週就進行一次，只會讓我覺得筋骨酸痛，肌肉也無法練得強健。所以我必須一週至少訓練三次，並且每次持續兩小時左右才行。

學習英文也是一樣，我們必須採取集中式的密集學習法。背英文單字、記英文片語、唸英文文法的問答集、聽英文CD、看美國電影、收看或收聽英文媒體（廣播或電視）、在坐車時聽英文錄音帶、生活中藉機找外國人交談、以英文寫日記等等，盡可能以各種想得到的方式來學習英文。

以我而言，我曾經整整一年從週一到週五晚間都到英語學校上課，現在回想起來，這可能是對我幫助最大的一種學習方式。

希望各位能以投入運動社團集訓的那種精神，澈底而密集地訓練自己的英文能力。

## ◉讓自己沉浸在英文的環境中

有句話是這麼說的：「要讓自己沉浸在英文的環境中。」我那原本英文不怎樣的次子在十六歲時留學美國，他前往一位日本人都沒有的威斯康辛州小鎮，進入當地的葛蘭氏伯格高中就讀。

當時他真的是每天都沉浸在英文裡。不過也拜此之賜，他的英文進步神速，從美國的高中、大學、研究所畢業後，年僅二十四歲便取得堪薩斯州立高中教師資格。

要教導美國的高中生，必須具備與當地人幾乎同等水平的英文能力。所以我覺得，密集式的學習方法必定能迅速提升自己的英文功力。

## 學習英語的基本重點

### ◉聽力和單字是使英文精進的兩大關鍵

基於長期學習英文的心得，我發現學習英文最關鍵的是以下兩點。

**①習慣英美人士的說話速度。**

**②記住大量的單字。**

常有人說：「與美國人對談的時候，雖然知道他在說什麼，可是卻表達不出自己想說的話。」

我認為這種說法是騙人的。因為英文最難的部分其實就在於「聽」。

當我第一次到美國時，幾乎完全聽不懂美國人在說什麼。

事實上在此之前，因為我將學英文視為一種興趣，所以對英文能力相當地有自信，甚至我的TOEIC考試也拿到相當不錯的分數。

但是即使如此，我仍然聽不懂美國大學的同學們在說什麼。因為學生之間有他們特有的辭彙和俗語，說話速度也像機關槍一樣快速。不僅如此，就連課堂上教授說的話以及師生之間的討論，我也完全跟不上。

那個時候，我有一種「啊！原來之前都被騙了」的深刻感覺。

原先在日本時我對自己的英文很有自信，可是至此我才發現，那是因為在日本的外國人都會刻意放慢說話速度好讓我們聽懂的關係。

英語會話學校的老師在說英語時本來就會放慢速度，其他在日本的外國人也一樣。可是當他們在自己國內，說本國話的速度就會快了將近兩倍。

所以如果想要精通英文，務必要優先訓練「聽力」才是。

這樣一來，單字的重要性也顯然不可或缺。因為要理解對方說什麼，首先就要知道他所用的辭彙意義。

只要能適應對方快速的說話速度，再配合上對用語的理解，溝通就能順暢。

# 2 成為英文高手的妙方

## 加強聽力是為了學習道地的英文

### ◉說不如聽，寫不如讀

日本同步翻譯的先驅村松增美曾說過，學習英文的訣竅是「Listen more, speak less. Read more, write less.」

也就是說，說英文不如聽英文、寫英文不如讀英文的意思。

坊間販售的英文視聽教材全都說得較緩慢，以便收看或收聽的人能理解。這樣的教材非常適合初學者，但卻不適合進階的學習者。

此外，英語會話學校的老師們也如前述一樣會說得非常慢，但這並非他們一般說話的速度。

英語會話學校就如它的名稱所示，只是個學習英語會話的場所，所以要培養出能夠演說、發表、辯論、議論、甚至吵架的高等英語能力，還真的是力有未逮。

所以，我自己發展了一套藉由美國電影和ICRT來增進英文能力的方法。

## ◉看電影學英文

當我年輕時有一部風靡眾人的電影，那是詹姆士・狄恩主演的《天倫夢覺》（*East of Eden*），它的主題曲也相當地受歡迎。

為了學英文，我買來它的錄影帶，反覆收看好幾次。

接著，我糊了一個厚紙板箱擋住字幕，嘗試只聽對話來了解電影的內容。

不過因為對話速度實在是太快了，所以大多數都聽不懂。而且劇中有不少美國年輕人特有的表達用詞，還摻雜了許多俗語。

為此，我又買了本英日對照的原著，反覆看到幾乎可以背起來為止。將原著牢牢記住之後，我又再次觀看錄影帶，這樣一來果然聽懂了不少內容。

如果有聽不懂的對話，我會按下暫停鍵，倒帶再看一次。

這種方法需要投入相當的時間和努力，但卻能有效地提升聽力。

◆想學會道地的英文……

從看美國電影和收聽 ICRT 來學英文

除了《天倫夢覺》之外，還有另一部電影《愛的故事》（*Love Story*），我也是利用這種方法學習。

此外，貓王（Elvis Presley）的《藍色夏威夷》（*Blue Hawaii*）我也反覆觀看多次，甚至還曾將他說過的經典台詞背起來模仿呢！

## ◉收聽ＩＣＲＴ電臺學英文

另外一個好方法，就是收聽美軍廣播電臺ＡＦＮ，這是 American Force Network 的縮寫。（註：在臺灣已轉變為財團法人臺北國際社區廣播電臺，簡稱ＩＣＲＴ。）

這個廣播電臺原本是為了駐外的美國軍人及其家人而成立。我年輕時節目只播送到凌晨一點，但現在已經是二十四小時全日播送了。

它的廣播內容主要是以新聞、音樂及談話性節目為主，但偶爾也會播送連續劇。

我因為喜歡鄉村音樂，所以那時非常期待每週六晚上八點的鄉村音樂節目：Grand Ole Opry。

這是美國田納西州納許維爾（Nashville）當地一個鄉村音樂節目的現場實況廣播。節目主持人和歌手輕鬆詼諧的談話和玩笑，才是道道地地的美式英語。尤其是他們說的笑話，常常弄得我丈二金剛摸不著頭腦，不免心浮氣躁。

## ◉針對新聞廣播的聽力學習法

除此之外，我也常聽該電臺的新聞廣播。這部分要聽懂也相當困難，剛開始時我只聽得懂天氣預報而已。

通常是每隔一小時會插播五分鐘的新聞，主要是播美國聯合通訊社（簡稱美聯社。Associated Press，縮寫AP）和合眾國際社（United Press International，縮寫UPI）的新聞。

在播報員唸稿之餘，還會穿插各地記者或是當事人的評論和訪問。特別是身處採訪現場的記者在敘述的時候，常會因為興奮而說得特別快，所以要聽懂更加不容易。

因此，我都將這五分鐘的新聞以錄音帶錄下來，然後重複聽上好幾次。這樣做了一段時間之後，我發現每位播報員的說話速度、節奏和發音清晰程度都有所不同。

當然，不了解的單字和聽不懂的用語還是占了多數。所以剛開始收聽時，我都針對自己能夠理解的敘述和單字來初步掌握新聞大意及內容的輪廓。

接著，我開始聽寫這五分鐘的新聞內容。嘗試聽寫之後，我發現仍然有許多內容自己聽了並不理解其意義，這時我會將我聽見的原原本本用拼音方式來注音。最後將能聽寫出來的部分和以拼音方式注音的部分相結合，就可以湊成一篇正確的英文文章了。

即使做了這麼多，我想應該還是會有一些不懂的內容。我建議可以利用市面上販售的新聞光碟，或是英譯、中英對照版本的書來加強理解。

# 善用跟唸學習道地英文

## ◉跟著唸以學習發音

運用「聽寫」的方式寫下來之後，接著就要用「跟唸」的方式練習發音了。

所謂的跟唸，指的是跟著新聞播報員的敘述來學發音的一種練習方式。

這是我剛開始學鄉村歌曲時所用的方法。

當時我買下自己想學的歌的唱片或錄音帶，一面以耳機聽，一面跟著哼。這樣一來就能將這些專業歌手的發音、節奏及唱歌方式等通通學會。

聽新聞的時候也是如此。剛開始時可以邊看著商品附贈的書邊跟著說來練習發音。

接下來將書拋開，試著從耳機所聽到的練習發聲。

這種方法可以讓你學會道地的英語發音及語調。

跟唸不僅能讓你的聽力突飛猛進，同時也能大大增進你說的能力。

這是學習道地英語發音和語調最好的方法。

## ◉ICRT的插播廣告

ICRT還有一個對學習英文非常有幫助的地方，就是插播廣告。

所謂插播廣告，指的是在新聞時段之後或在節目與節目之間的空檔所置入的廣告。其內容諸如交通安全、健康、家庭、環境、生活小常識及包含愛國意識的史實等等，以播報員讀稿為主要形式。

經由收聽插播廣告，我們可以了解美國人的文化、思考方式、關注事項，以及美國社會的大小事。

只要這麼做，你的英文能力就會進步神速。不只是聽力，表達能力也隨著突飛猛進。當與美國人交談的時候，記得將收聽插播廣告所獲得的學以致用，並以美國人的腔調來進行對話。

我相信你一定會因為自己卓越的表達能力而大吃一驚。

# 3 英文單字輕鬆記憶法

## 根據單字常用程度安排記憶順序

### ◉死背單字吃力不討好

在學習英文的過程中，與聽力同等重要的是「單字」。也就是說，我們必須增進自己的單字能力。

不過，背英文單字和片語確實是一件既單調又無聊的事。

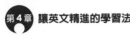

光是基本的單字就有兩、三千字之多，這樣的份量一聽就足以讓人打退堂鼓。許多人即使已經買了單字庫等書，也是心想：「唉，這麼多，還是改天有空再背吧！」然後就此束之高閣。

以我來說，一開始我是以背六千個單字為目標。當時我買了《英文基本單字集》、

《必學的六千個單字》之類的參考書來背誦。

不過光是看到這些厚厚的書，心裡自然就起了排斥感。

此外在背誦時，我發覺其中有許多「平常根本不太用到的單字」。那時我的心裡開始想，是不是將平時常會用到的單字先背起來會比較好？

就在這種想法浮現後，我在書店發現一本收錄六千個單字並且依出現頻率高低排列的英文單字書。

## ◉分階段來記憶

這本書首先列出美國人最常使用的六百個重要單字，接著是次要的六百個，依此類推地將全部六千個單字分成十個階段。

這樣一來，我就可以從優先順序高的單字開始背起。

以我個人當時的情況來說，第一階段的六百個單字我幾乎都已知道，次要的第二階段也是如此。但到了第三階段，就開始有我不知道的單字出現了。

如此一來，我只要背那些還不認識的單字就行了。接著，我循序漸進地朝第四和第五階段的單字宣戰。

這種學習方式讓我得到一種攻城掠地的成就感。而且因為共有十個階段，所以我就贏得十次征服的快感。

更重要的是，當你想到一共有六千個單字要記住，勢必會覺得一個頭N個大；但是如果你一次只集中在其中一個階段，例如在第六階段裡，自己還未背起來的只剩下九十個單字，這樣一想心頭就較放得開。

這種方法能讓你看得見自己欲達成的目標，所以在精神上自然會較為輕鬆。

## 無法照預定計畫背誦時的彌補方式

### ◉未能依計畫背誦怎麼辦？

如果這樣順利執行，每天背八至十個單字應該不成問題。

但有時候公司會有緊急的工作要完成，或是需要加班等，致使我們無法在坐車回家途中背誦。

或者我們某天就是沒有辦法像平常一樣早起唸書。

這個時候你該怎麼辦？

基本上可以有兩種選擇：①就當作休息一天。②下次一起補背回來。

不過如果選擇第一種，萬一連續好幾天都無法照表操課，你的讀書欲望就會開始逐漸降低。

所以最好不要有那種「就當作休息一天」的想法。

也就是說，一定要盡快將沒有照預定計畫背誦的部分補足。

## ◉未能依計畫背誦的兩種補救法

要補救未依計畫背誦的部分共有兩種方法。

第一種是**「隔天就補回來」**。

這種方法是在次日將預定要背的連同前一天沒背的「配額」一起完成。

當然，你不一定要選在通勤坐車途中背誦。不妨比平常早起二十分鐘，或是回家後減少看電視的時間，然後運用這些多出來的空檔補上前一天應背未背的部分。

但是如果你一直往後拖延，到最後你一天要補齊的份量可能壓得自己喘不過氣來，最後心生放棄的念頭。

所以無論如何，你都要設法在隔天就補上未背的部分。如果不這樣做，就會像借高利貸一樣讓利息越滾越大，最後落得不可收拾的下場。

另外一種方法，就是**「事先規劃一個預備日」**。一週只要設定一天即可，假設我們規劃預備日是星期天，那就可以將要補背的部分挪到星期天完成。

# 4 選擇參考書籍注意要點

## 反覆學習同一份參考書或ＣＤ

### ◉選擇參考書的三項重點

如果光是背單字而不了解基本句型，還是無法了解文章的內容。因此還必須藉助參考書、ＣＤ或是ＤＶＤ等教材來學習英文句型。

一般人最常犯的毛病是貪多嚼不爛。既覺得「這本書很好」，又覺得「聽這套ＣＤ好像也不錯」，然後不知不覺就買了一大堆回去。

最後，就在並未完善利用這些書和ＣＤ的情況下無疾而終。當然為此所花費的金錢很可惜，不過最讓人惋惜的還是因而無謂浪費的學習時間。

雖然說「時間就是金錢」，不過花費的錢只要再努力工作還有賺回來的可能，失去的

### ◆選擇參考書務必注意的三項重點

1. **選擇例句較多的書。**
2. **盡量選擇口語形式表現而非文章體的書。**
3. **利用入門書滿足自己的成就感。**

時間卻不可能再回來了！

也就是說，如果你胡亂地買參考書，就只是在削減比金錢更重要的時間而已。而且我認為：「時間就是生命。」（Time is life.）

要能善用時間，就必須只鎖定一本參考書攻讀。為了不讓自己陷入艾賓豪斯舉出的遺忘曲線（參見第一〇四頁）當中，我們必須時時刻刻記得反覆地複習。

**「反覆學習同一份教材」**，這是使用參考書或是CD、DVD時不致浪費時間的重點。不要三心兩意、見異思遷，專攻一種學習教材即可。

然而在選擇參考書時，又該注意些什麼呢？

在此我提供三項重點，請在選擇參考書時當作參考的依據。

**①選擇例句較多的書。**

**②盡量選擇口語形式表現而非文章體的書。**

**③利用入門書滿足自己的成就感。**

只要記住這三項重點，基本上就不會有太大的問題。

## ◉以能實際派上用場為選書標準

在我年輕的時候，曾遇到一位勸我以學習明治時期（1868～1912）的「文法」為主的老師。如果是以將來成為英文專家當作目標倒無妨，但如果志不在此，那我就不建議這麼做。因為一般的商用英文會話，只要沒有出現太大的文法錯誤，基本上是以「說得通」為第一考量。

我曾經反覆閱讀一本名為《美國人的口語表現》的書來學習英文。

現在TOEFL、TOEIC等考試，都有許多口語化的英文試題。所以要在考試中得高分，以口語化英文為學習重點應該是有百利而無一害。

比起「生吞活剝」英文文法和一些基礎性的知識，我想藉由口語化英文來記住英文的基本句型會比較簡單且有效。

例如要表示「我一時想不起那部電影的片名」，美國人會說：「The movie left me cold.」但在一般國內的教科書中並不太會出現像這樣的說法。

如果要展開強化英文的訓練，基本上我也建議要選擇比較口語的參考書，也就是書裡包含較多生活常用英文的內容。當然，有的人因為工作需要，必須特別學習「貿易場合能派上用場的英文」，或是「建築業的專業英文術語」等，所以他們要學習的英文領域會較為狹窄。

對於有這樣需求的人，只要專注學習該領域的英文就可以了。

此外，以「學會話的同時也能練就寫出漂亮文章的功力」這種等級為目標的人，就需要選擇文法書或是文章體的參考書。

話雖如此，我們要學習的還是應該以「能在工作場合上用得到」，甚至明天就能立即發揮功用的英文為主。

請以**「是否能實際派上用場」**這樣的標準來選擇參考書。

## 選擇入門書的方法

### ◉利用入門書滿足自己的成就感

其實無論是不是學英文，當我們選定參考書或教學光碟後，就應該好好地將該份教材從頭到尾澈底讀過。當你讀完一本書之後，將會有一種「太好了！我將它全讀完了！」的成就感。這樣的成就感對學習而言相當重要。

因為成就感可以轉化成自信，並促使你很快地積極「選擇下一本」。

當然，你不應該只將參考書讀過一次，選定的參考書應該「至少讀三遍以上」才行。而在反覆讀第二次、第三次的時候，閱讀的速度肯定會加快。

此外，據說要讓記憶烙印在腦海裡至少要「反覆記憶六次以上」，所以只要能澈底讀通該教材，次數永遠不嫌多。

### ◉如何選擇進階參考書？

當你覺得已經「讀通」這份教材，那麼下一份教材應該就要選擇稍微難些、能應用在現實中的「有適當難度」的參考書。

如果能選到一本適合自己的入門書，那麼不但能很快地將它讀完，同時也能在結束之後享受到「太好了，我終於辦到了！」的成就感。

所以接下來應該選擇比入門書「稍有難度」的參考書才對。

在此前提之下，你所選擇的參考書還要滿足之前提到的兩個條件，那就是：

● 例句較多

● 是否以口語（道地的英語）為主

另外，也應該注意書的排版方式。例如重要內容是否以紅字表示，也就是有沒有採用雙色印刷；還有圖解多不多、是不是章節綱目都很清楚等。

此外，這本書是不是暢銷書，以及一般的評價如何等等，也都可以成為選購的依據。

雖然不見得所有的暢銷書都「適合」於自己，不過一般評價不錯的書都是淺顯易懂，所以多讀一些也不吃虧。

## 第4章重點

◎密集式學習可以提高學習英文的效果

◎要學好英文，聽力和單字能力不可或缺

◎說不如聽，寫不如讀

◎根據單字常用程度安排背誦順序

◎選擇一本適合自己的參考書，然後反覆研讀學習

# 第5章

# 成功人士提高記憶力的方法

# 1 背誦的技巧

## 所學事物如何記憶不忘

### ◉人類是健忘的生物

「大家擅不擅長背誦呀？」

面對這樣的問題，我想大部分的人都會回答：「不，要背什麼我真的不行。」

其實我也一樣。尤其隨著年齡增長，我的記憶力真的是越來越差了。

我的長子是醫學博士，他從小就可以將只讀過一次的書背起來，然後再將內容說給弟弟們聽。當初我真的嚇了一跳，心裡想這孩子真是個天才，但是如今過了三十歲後，他就只是普通人而已了。

看來要記住事情真的會隨著年紀增長而越變越難，也越忘越快。

總之，只要是人，誰都會遺忘。

不過我的工作是在進修課程或演講時在眾人面前說話。

所以從早上九點到傍晚五點我必須不停地說。

例如在為期兩天的講習課程中，我就得將兩天份的演說內容都記在腦裡，因為並不允許我一直看著稿子說話。

因此，我在如何將說話的內容記憶起來這方面，曾下過極大的工夫，甚至參考了三十歲就當上大學助教授的次子的讀書方法。

他的方法有以下兩個重點。

**①集中力**

**②漫畫式記憶法**

特別是他從看漫畫時突發奇想而來的記憶方式（即使他現在已經身為大學講師也依舊沿用），真的是既簡單又有趣。

現在回想起來，不喜歡唸書的他好像只在考試前會「專心」認真唸書。

此外，他也在自己擅長的「漫畫式記憶法」下了許多工夫。

接下來，我就要為各位介紹幾種記憶方式，提供大家參考。

## 利用漫畫式記憶法來記憶

### ◉提高效率的五種記憶方法

其實有許多能幫助記憶的技巧，現在我就來介紹幾種比較實用、簡單的方法。這些方法的基本概念，就是我兒子一直在用的漫畫式想像法。

具體的方法有下列五種。

**①釘物法**

**②身體連結法**

**③漫畫情節法**

**④關鍵影像法**

**⑤層疊法**

接下來，我就為各位詳細說明。

## ◉結合房間裡的物品來記憶

### ①釘物法

這是一種想像自己在房間裡釘掛衣服或帽子的記憶法。

自己的房間除非剛重新布置過，否則應該都知道物品大概的擺設位置才對。例如左邊靠牆是書桌、右邊立著書櫃、正中央則放一臺電視等等。

我們可以利用自己房間裡的物品，與需要記憶的事物相結合。

假設你的房間裡依順時針方向有「書桌、床、書櫃、電視、垃圾桶、音響、電話」等物品。

再假設必須要記憶的物品有「筆、收音機、椅子、西裝、時鐘、ＤＶＤ、麥克風」等。當然，因為這只是「假設」，所以可以隨時置換成其他的如「人物」、「職業別」或是「物品名稱」等等。

然後試著將兩者結合。

◆釘物法

結合房間裡的物品加以記憶

●書桌上有支筆
●床頭櫃上有臺收音機
●書櫃前倚著一把椅子
●電視畫面出現西裝的特寫
●一個高級時鐘被丟進垃圾桶
●音響裡有一張DVD
●電話旁邊有麥克風

就像這樣將要記住的物品和房間裡的物品連結起來，並像看漫畫一樣想像成一格一格的畫面。

因為是與房間中的擺設相結合，所以不妨想像自己在房間中繞一圈，然後一個個要記住的物品就會像「畫」一樣地歷歷在目。

如此一來就不需要硬記，只要想想房間

裡的擺設，自然能記起「床頭櫃上有臺收音機」、「電話旁邊有麥克風」，因而進入「迅速記住且久久不忘」的理想狀態。

## ◉利用身體來記憶

### ②身體連結法

這種方法也是利用想像來記憶，類似於釘物法，只是結合的對象不是自己房間裡的物品，而是你的身體。

這種暱稱為「忍者記憶法」的技巧，最適合用在立刻要記住某項事物的時候。從前忍者要潛入敵人陣營的時候，都會以小刀在身體劃上記號來記住武器或是敵方重要人士的房間。這種方法的暱稱就是由此而來。

頭頂、額頭、眼睛、鼻子、嘴巴、下巴等以此類推，我們先將身體的幾處重要部位設為關鍵的記憶區，然後與想要記憶的物品連結在一起。

先來做個實驗吧！看看你的記憶力有多好。

給你二十秒的時間，請按照順序記住以下的十樣物品。

鉛筆、香蕉、蘋果、公事包、鞋子、咖啡杯、火車、釘書機、葡萄、槍。

都記住了嗎？也許你只能依序記住前三樣，還有後面的幾樣物品。

不過要正確地按照順序記下來的確有難度。

如果我更進一步地要求你：「明天早上起床後再背一遍給我聽看看。」相信你會直接舉雙手投降。

## ◉實踐！身體連結法

不過，只要利用以下示範的身體連結法，你就能迅速記住，並且久久不忘。

作法是將要記憶的物品與身體的一部分各自相結合，然後以猶如看漫畫一樣將影像記起來。

那麼，就讓我們來試試看吧！

①鉛筆　你的頭頂戳進一隻大鉛筆。

②香蕉　你的額頭像獨角獸一樣長出一條黃色大香蕉。

③蘋果　鮮紅的蘋果朝你飛來，成為你的眼睛。一雙鮮紅的眼睛。
④公事包　你的鼻子上掛著一只像是鼻環一樣的黑色大公事包，看起來真痛！
⑤鞋子　你嘴裡塞了一隻髒兮兮的大黑鞋，整張嘴像是快裂開了。
⑥咖啡杯　你的下巴塞進咖啡杯裡了。好燙好燙！而且塞進咖啡杯的下巴拔不出來。
⑦火車　火車飛駛過來，貫穿了你的喉嚨。列車就這樣在你的頸部那裡搖搖晃晃。
⑧釘書機　你的耳垂釘上一個釘書機。好痛喔！
⑨葡萄　你的肚臍變成葡萄般的凸肚臍，一個甜美欲滴的紫色肚臍。
⑩槍　一根長槍刺穿你的大腿，血流如注，好痛喔！

在進行想像的時候盡量誇張，然後與自己的身體相結合。記住，要在瞬間快速地加以想像。

正因為這樣的想像脫離現實，所以應該能形成印象相當深刻的畫面才是。所有的想像大約二十秒就結束。盡量想像成連貫的畫面。

## ◆利用影像記憶的身體連結法

結合身體的某一部位來記憶

接著來看看到底自己記住了沒有。

請依照①頭頂、②額頭、③眼睛、④鼻子、⑤嘴巴、⑥下巴、⑦喉嚨、⑧耳垂、⑨肚臍、⑩大腿的順序來回想起與其聯結的物品。

怎麼樣？是不是全都依序記住了呢？

這種運用右腦的影像式記憶法，可以讓我們迅速記憶且久久不忘。不信的話，各位可以在明天一早起床後，依照頭頂、額頭等的順序再想一遍看看。

我相信大家應該都能正確記住。

### ●利用漫畫的劇情來記憶

### ③漫畫情節法

這是一種將需要記憶的事物編作「漫畫

## ◆能訓練創造力的漫畫情節法

**將要記住的事物編成故事來記憶**

情節」的記憶方式。

如果要記住的是像有無限位數的圓周率一樣的數字，要記住幾乎是不可能的。

因此，我們必須將數字編成故事，然後運用諧音的口訣來背誦。

類似的口訣如「黃鶯啼叫平安京」（註：日語的啼叫音同七九四，而西元七九四年是桓武天皇遷都平安京的年分）、「富士山麓有鸚鵡鳴叫（二・二三六〇六七九）」（註：日語中兩個二音同富士，三六音同山麓，〇六音同鸚鵡，七九音同鳴叫，此為日本學生背誦根號五的口訣）等等，這些都是我們在學校的考試中常用的口訣。

假設現在要記住的物品有「番茄、冷氣機、松鼠、手槍、書」。

「番茄從冷氣機裡飛出來，有一隻松鼠想偷叼這顆蕃茄，卻被手槍擊中，現場還有一本書……」

像這樣編成故事來記憶，遠比「第一是番茄、第二是冷氣機、第三是松鼠……」這樣的背誦方式更能快速記住，而且能記得較多。

漫畫情節法的另一項好處是能在編故事時訓練自己的創造力。

從今以後，不必樣樣事物都靠寫下來才能記憶，就用這種方法來訓練自己「提高記憶力」吧！

## ◉利用關鍵影像組合來記憶

### ④關鍵影像法

這個方法是自行想像出配合數字一到十的「關鍵影像」，然後編為劇情將它們串聯起來的漫畫式記憶法。

只要能讓你想起欲記憶的數字，要想像成什麼樣的影像都無所謂。

例如：

一……狗（因為會「one one」叫）

## ◆記住數字的關鍵影像法

利用關鍵影像組合來記憶

二……行李（註：在日文中，行李的第一個發音與二相同）

三……三輪車

四……方糖

五……星星

六……長頸妖（註：在日文中，長頸妖的第一個發音與六相同）

七……七夕

八……忠犬八公（註：日本一隻著名的忠犬名）

九……針灸

一〇……月亮（因為很圓）

像這樣只要能使自己記住數字，天馬行空想像成什麼都無所謂。

如此一來，假設現在要記住四九五六七這

個數字，你就可以想像成：

「替方糖（四）針灸（九）之後，星星（五）飛了出來，打到長頸妖（六），這天正好是七夕（七）。」

嘗試以像這樣漫畫式的誇張情節來編故事看看。因為越是遠離現實的影像，我們的印象就越深刻，所以只要編一些無厘頭的故事就行了。

基本上數字本身毫無意義，因此將它們加上一些意思後，就會變得較容易記。

## ●由下層層往上的記憶方式

### ⑤層疊法

這種方法是將所想像的事物由下往上層疊，然後按照順序記憶的方式。

◆層疊法

將要記憶的事物由下往上層疊以便記憶

假設我們要記住的關鍵字是「鳥、狗、書桌、電視、麵包」，那就可以想像成：「鳥的背上站著一隻狗，狗背上還有張桌子，而桌子上有電視，電視上方又有麵包。」

所謂的記憶法並不需要任何理由。如果你在編故事時還要想：「為什麼要用層疊的方式？」、「為什麼要將三想像成三輪車？」那麼你就只是在自己浪費時間而已。

所以不要太拘泥於它本身的意義，只要讓自己馳騁於想像中就行了。而且請各位注意，編的情節越是荒謬怪誕，所留下的記憶也會越深刻。

# 2 不讓學過的事物遺忘

## 隔一段時間複習一次以保持記憶

### ◉學習一小時後就會遺忘一半以上

隨著時間流逝，人本來就會將已經記住的事物忘掉一部分。

德國心理學專家艾賓豪斯（Hermann Ebbinghaus）曾根據人在經過一段時間後會「忘記多少」進行實驗調查，並依其結果提出「艾賓豪斯遺忘曲線」。

根據這個遺忘曲線，假設我們學得的事物是百分之百，經過一小時後，我們就已經忘記其中的五〇％至六〇％。也就是說，超過一半以上所學的都不知飛到哪裡去了。

當然，這種實驗的數據也許無法完全反映出自己學習的真正狀況。不過若沒有做任何的補救措施，根據親身的體驗，還真的是會將大半所學都忘光。

## ◉避免遺忘的三種方法

那要怎麼做才不會將已經學得的事物忘記呢？

我這裡提供三種方法。

第一種方法相信是你我皆知的，那就是**「反覆」**。只要反覆地加以記憶，就不會這麼容易忘記。

據說人只要將同樣的事物聽過六次就能記住，所以六次是預防忘記的最低次數。

「這本關於經營的書寫得真好！」就算你這麼想，但如果只讀一遍是不夠的，你一定很快就忘記。所以至少要反覆讀上六遍，你的記憶才會「固定」下來。

第二種方法是**「學習之後馬上複習」**。

這種方法可說是提高記憶力的絕對法則，就連艾賓豪斯的調查中也證實了這一點。忘卻率會在學習之後的一小時內急遽攀升，所以只要在學習之後立刻複習，就能提高記憶的固定率。

第三種方法是**「隔天複習」**。這種方法可以稱之為「Spaced Repetition」（隔一段時間後的複習）。

只要這麼做，就能將半數已經忘記的再記回八成左右。

● 不斷反覆讀
● 學習之後馬上複習
● 隔一段時間後再複習

只要澈底實踐這三種方法，就能有效防止記憶忘卻。

反正一樣是要花時間讀書，不如就多下一點工夫在防止遺忘上吧！

### ◉促使你憶起的關鍵

我只要一聞到樟腦的味道，就會想起小時候與住在鄉下疼愛我的祖母相處的時光。因為她總是會從古老的衣櫃中拿出沾有樟腦丸氣息的衣服讓我穿。

就算是幾十年後的今天，我只要一聞到樟腦味，昔日的情景仍然歷歷重現腦海中。

所以，樟腦可說是喚起我記憶的關鍵物品。

之前在介紹「身體連結法」時，我曾提到忍者的記憶方式。他們會用小刀刻劃身體來幫助記憶。

事實上這不只是為了「記住」而已，這樣的動作同時也是讓你「憶起」的關鍵導火線。

特別是如果傷口真的刻得深，你會有一種「好痛！」的深刻體驗。

於是，你會連同這種痛楚一起記住，而這樣的疼痛感就會成為你想起事物的關鍵。

所以甚至有研究者指出，我們應該在記憶的時候想像「自己的手被門夾住」，可以有助記憶。

另外一種製造記憶關鍵的方法，是之前提過的「誇張想像」。

想像出來的影像越是誇張，就越容易讓我們想起來。

這其實也表示，在記憶事物的時候若能同時兼顧「回想」和「記憶」，會比較事半功倍。記憶的方式越是深刻，就越容易讓我們回想起來。

## 活用右腦的影像區

### ◉利用圖解加快記憶速度

人類的大腦分成左腦和右腦。

左腦主司數字、理論、文字和計算。

右腦則掌管影像、音樂和繪畫。之前說明過的漫畫式記憶法，就是源自於右腦的理論。

運用右腦來記憶，譬如影像、圖畫、景色等，能夠讓我們快速記住，而且不會立刻忘記。

舉個例子，如果你以前曾遊覽過夏威夷，你能想起以下這些事嗎？

- 飯店的名稱
- 飯店房間的號碼
- 飯店房間的樓層

我想大部分的人都應該忘記了吧！

但如果我問的是在夏威夷住宿飯店的景觀呢？

寬敞的大廳、舒適的床鋪、電視機的位置，以及從窗口向外望的景色等等，大家在這方面的記憶應該就還非常鮮明才是。

房間號碼和飯店名稱等是由左腦來記憶，因為這是屬於短期的記憶，所以很快就會忘記。

相反地，房間和飯店大廳的樣子與窗外的景色等影像，是由右腦負責記錄，因為這是屬於長期的記憶，所以會記錄得特別久。

所以如果想要記得快又記得久，運用右腦的讀書法會來得比較有效果。

說得具體一些，利用非文字也非數字的圖解來記憶，就是記得快、記得久的訣竅。

## ◉實踐！圖解式記憶法

接著就來看看圖解的確能比較快速記憶的例子。

例如，輸血的方式有以下幾種：

1. A型的人可以輸血給A型和AB型的人。另外可以接受O型人的輸血。
2. B型的人可以輸血給B型和AB型的人。另外可以接受O型人的輸血。
3. AB型的人只能輸血給AB型的人。另外可以接受A型、B型及O型人的輸血。
4. O型的人可以輸血給O型、A型、B型和AB型的人，但只能接受同是O型人的輸血。

◆圖解化能加快記憶速度

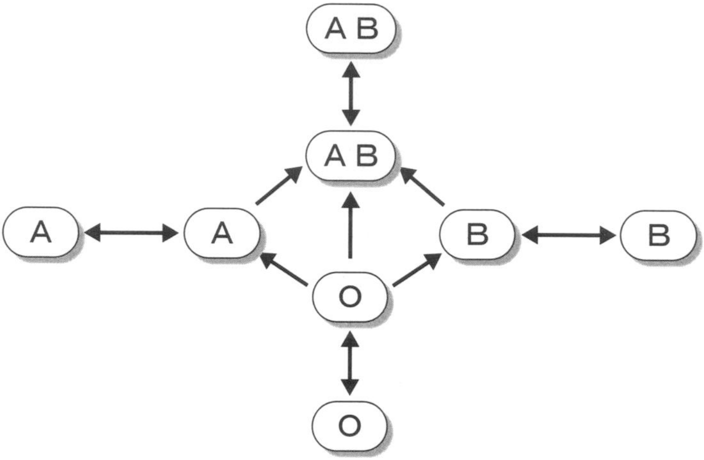


要將以上四種組合法正確記住可不是件容易的事。就算為了考試而硬背起來，也會很快就忘記。

但是如果像上圖一樣畫成圖表呢？

我想這樣不但能快速記住，也不容易遺忘。

藉由圖解法就可以輕鬆地將要記憶的事物記住。

## ◉開發右腦實踐法

運用右腦記憶，可以讓記憶的效率更好。

所以為了提高記憶效率，記得一定要鍛鍊右腦。

接下來，我就為各位介紹開發右腦的五種方法。

## ①積極使用左半身

常有人說，如果大腦右側出了問題，左半身就會受到影響。所以要鍛鍊右腦，就要經常使用左半身。

使用身體平日不常使用的部位，可以讓發出指令的大腦知道「要使用與平常不同的部位」，這樣一來就可以讓大腦產生活性化的效果。

所以你應該開始嘗試以左手畫一些簡單的圖或是寫一些簡單的文字，講電話時要記重點也可以試著以左手拿筆來記，公事包也可以換用左手拿……總之，請記得在日常生活中使用左半身來活動。

按照這樣的邏輯，我想左撇子當中會出比較多的天才，譬如達文西，所以這種說法似乎也有一定的道理。

## ②給自己一點放空的時間

我認為再沒有比坐禪或冥想更能讓人覺得舒服的了。

但是，整天忙於工作的人平常很難挪出這種可以「輕鬆一下」的時間。

其實只要兩、三分鐘就可以了，應該在工作的時候適時解放一下不斷沉浸在數字、理論等左腦思維裡的大腦。

你應該給自己一點「什麼都不要想」、「只要發呆就好」的時間，當然如果二十、三十分鐘就太長了些。只要自己的大腦能「休息片刻」，就可以重新恢復精神。

### ③聆聽世界名曲、古典音樂或電子合成樂

基本上只要是沒有歌詞的音樂都行。不論是古典樂或電子合成樂，請試著讓自己進入那想像的世界中。

如果一定要聽有歌詞的音樂，那麼世界名曲或是能勾起自己回憶的老歌也可以。

一般來說，有歌詞的歌曲會讓你開始產生左腦性質的思維，不過如果這首歌能勾起你的回憶，那麼當時的景象就會鮮明地出現在自己的腦海中，這樣一來就能強化你右腦性質的想像能力。

### ④試著寫寫短詩

短詩因為是文字，所以會讓人認為是一種左腦的理論性質思維。

不過，這種短詩的遣辭用句卻無須賦予詳細的意義。

甚至可以說，寫短詩的最大好處，就是藉由文字的某種觸動，而讓自己擴大想像的世界。

古池塘　青蛙跳入　水聲響

這短短幾個字，是不是就讓你的腦裡躍現一幅古老池塘的景象？你也一定能想像出那青蛙跳入水中的景象以及噗通的水聲吧！甚至你還能讓自己的想像繼續延伸，因而感受到青蛙入水後萬籟俱寂、一切趨於平靜的景象。

能讓想像繼續擴大的人，平常一定經常使用右腦。如果只靠文字來呈現，甚至更能讓自己的想像力無限擴張。

## ⑤嘗試運用自己平時不常用的神經

這是指試著做做看像是平衡動作、訓練反射神經等平時極少做的動作。

像是站在平衡木上維持平衡或是單腳站立等動作，你平時並不常做對吧？

桌球、網球等球類運動呢？你平常會打嗎？

其他諸如撲克牌的記憶大考驗、吹牛，或是打陀螺、玩彈珠等遊戲也是一樣。

以前的孩子們都是一邊遊戲一邊「鍛鍊頭腦」。

不過現在那樣的遊戲已經漸漸式微，大腦的使用方式也都偏向「左腦式」了。

「最近十年來好像很少玩遊戲或運動了耶！」如果你也有這樣的感觸，請趕快再試著挑戰看看，這樣可以順便鍛鍊你的大腦喔！

## 獲得靈感的方式

### ◉絞盡腦汁澈底思考一件事

科學家克庫勒（Friedrich August Kekule）因為夢見蛇咬住自己的尾巴團團轉，而領悟到苯的環狀結構式，這個故事常被後人引為佳話。

還有雖然不是事實的傳說，如牛頓看到蘋果從樹上掉落而領悟到萬有引力，或是阿基米德在泡澡時發現浮力原理等等，類似這些大發明、大發現的軼事可說是不勝枚舉。

其實這類大發現的故事都有一個共通點，就是這些發明家都是廢寢忘食地澈底追求自己的目標。

你不需要在科學上追求什麼大發現，但是針對一個問題澈底思考，卻是不可或缺的首要之務。

◆開發右腦的五種方法

1. 積極使用左半身
2. 給自己一點放空的時間
3. 聆聽世界名曲、古典音樂或電子合成樂
4. 試著寫寫短詩
5. 嘗試運用自己平時不常用的神經

## ◉將想到的事隨手記錄

第二個不可或缺的要務，是讓自己保持隨時可以記錄事情的狀態。

宋代文豪歐陽修曾經說過，最適合想事情和集中思考的場所是「馬上、枕上、廁上」。

如果對比到今日，「馬上」就等於是車上，也可以說是任何移動中的車輛裡；其他兩個地方則是指床上和廁所。

這些場所都是能讓人放鬆而且是「一個人獨處」的地方（捷運或火車廂裡也許沒有辦法一個人獨處，不過卻是一個非常棒的讀書場所）。

能讓自己一個人集中精神、澈底放空的地方，會比較容易想出新的 idea。

不過，一定有人有過這樣的經驗，那就是好不容易想出了些什麼，卻因為沒能及時記錄，導致最後「忘光了」。

常有人因為沒能當場立刻記下來，導致後來怎麼想也想不起來。

為了防止這樣的情形發生，你應該下點工夫好讓自己能「及時記錄」。

如果沒能及時將自己的想法記下來，也許偉大發明的幾個重要拼圖會就此消失也說不定。

千萬不可以讓一年當中難得想出來的幾個重要 idea 就此遺忘不復返。

所以請將隨時「筆記」當成一種習慣，就能讓突然冒出的靈感停駐在你的記憶當中。

## 第5章 重點

◎利用漫畫式記憶法來記憶

◎切記隔一段時間就要複習以保持記憶

◎運用圖解的右腦式記憶能加快記憶速度

◎澈底思考一件事

◎想到的事一定要隨手記錄下來

# 第6章

# 成功人士提升效率的讀書法

# 1 有助於持之以恆的方法

## 如何能在不厭倦的情況下繼續唸書？

### ◉維持讀書幹勁的柴嘉妮效應

看電視連續劇時，劇情往往會在我們心想「快繼續看下去」、「結局到底會怎樣」的緊要關頭，出現「明天繼續觀賞」的字樣。這是製作單位為了讓觀眾產生想看「下一集」的欲望而刻意安排。

這種情形在心理學上稱為「柴嘉妮效應」（Zeigarnik Effect）或「記憶的中斷效果」。這個效果告訴我們，如果在事物將要達到高潮時中斷該行為，所生成的記憶會非常深刻地保留下來。

柴嘉妮效應也可以應用在讀書上。

情緒。

你可以在讀書快要唸到重點的時候，刻意停下來喝杯茶或看看雜誌，稍微中斷自己的情緒。

這樣一來，可以讓你維持在「想趕快繼續下去」或是「想快點將它記下來」的狀態。這種作法可以提升你的讀書欲望並加強記憶，有助於使你讀書能持之以恆。這就是利用柴嘉妮效應的讀書方法。

試試看吧！你的記憶應該會清楚地留在腦海裡，就像是連續劇「明天繼續觀賞」的功能一樣。

## ◉在讀得正起勁的時候中斷

其實這種方法的重點不只是在「中斷」而已。因為如果動輒在中途隨便中斷，反而會讓記憶變得模糊不清。

**關鍵在於找一個「讀得正起勁」或「讀到關鍵處」的時機刻意予以中斷。**

不過，因為還有能否繼續維持專注力的考量，所以若是常常「中斷」，可能會產生反效果也說不定。因此基本上你還是要將該唸完的部分一次完成。

當遇到「無論如何都要記住」或是「非常重要」的部分時，可以穿插運用這種中斷法來達到幫助記憶的效果。

還有，在學習「剛開始」步上軌道的時候不適合使用這種中斷法。如果在正要開始起勁之前中斷，不會有任何的效果。

所以應該是在進行上軌道後「正徜徉在其間」時，採取中斷的動作。

而且你並不需要像連續劇那樣間隔一星期才繼續。畢竟只是將這種方法活用於學習中而已，所以只要在一次的唸書時間當中中斷十分鐘、二十分鐘左右，然後再繼續讀下去就可以了。

刻意中斷後的效果非常好，請大家務必一試。

## 巧妙安排讀書計畫表

### ◉安排計畫表以十五分鐘為一單位

聽說人類的專注力只有短短的十五分鐘。

所以以十五分鐘為一單位來訂定讀書計畫表，可以防止因為無法專注而浪費時間，最後導致讀書效率變差的情形發生。

不過我想也一定有那種因為十五分鐘太短而無法集中精神唸書的人。

但是這個方法並不是要你「只能讀十五分鐘的書」。

十五分鐘→休息片刻→十五分鐘→休息片刻→十五分鐘，你的計畫表應該要這樣安排。如果計劃在九十分鐘的讀書時間裡每十五分鐘休息一次，就必須切割成六個十五分鐘。

只要每次都休息兩、三分鐘，就能防止讀書效率低落。

在參加進修講習的時候當然不可能每十五分鐘休息一次，不過因為人無法持續九十分鐘以上的注意力，所以我都會刻意地在這期間尋找休息的機會。

## ◉每十五分鐘換一種科目

以十五分鐘為單位的規劃方式還有一個有趣的作法，就是與先前提到的中斷法相結合。

假設要唸的科目有「民法」、「法文」和「商事法」，時間是假日裡的三小時。

我想許多人會每一小時讀一個科目。

例如：

十點到十一點讀商事法。休息十分鐘。

↓十一點十分到十二點十分讀法文。

↓中午休息一小時，然後下午一點五分到兩點五分讀民法。休息十分鐘。

諸如此類。

在這裡，我建議一種可以休息得更少但效果卻更好的方法。

就以剛剛的例子來說好了：

十點到十點十五分（十五分鐘）讀商事法。休息三分鐘。

↓十點十八分到十點三十三分（十五分鐘）讀法文。休息三分鐘。

↓十點三十六分到十點五十一分（十五分鐘）讀民法。休息三分鐘。

像這樣每十五分鐘換一次。

比起讀一小時休息十分鐘，每讀十五分鐘休息兩三分鐘的方式，不但在時間上較為精簡，同時也能提高心情轉換的效果。

所以從今天開始，請將你的計畫表調整成「每十五分鐘為一單位」吧！我相信你一定會發現自己的讀書效率比以前還要高。

## ◉以異質效果為目標

同時學習性質不一樣的事物會得到比較好的效果。說得簡單點，就是如果我們一次同時讀法律和外文，這兩種的學習效果都會更好。

以十五分鐘為一單位進行學習，如果要讀的科目只有一個，那麼只要將同一內容予以分割就好了。

但如果要同時進行兩、三個科目以上，就必須慎重編排讀的順序。

例如法律↓外文↓法律的編排方式，就比法律↓法律↓外文的順序要來得有效率。這樣的效果稱為「異質效果」。即使是相同的讀書內容，但只要編排的順序組合不同，讀書就會變得更有效率，也會更為有趣。

相信各位的周遭一定有那種「明明沒怎麼唸書，但讀書效果卻很好」的人。我的次子就是如此。

其中的訣竅，就在於他實踐了「異質效果」。

首先，他懂得專心唸書，所以即使只有十五分鐘也能集中精神唸書。其次他就只在想讀書的時候才讀書。但即使是如此，這種方法所達成的效率也比坐在書桌前好幾小時卻一直無法專注的人要好得多。

而且，這種方法也可以讓看似沒什麼耐性的人在專心一小段時間讀書後，因為有種「好了，讀膩了，是不是應該換別的科目看看？」的心態而重拾注意力。此外，「乾脆來讀別的科目好了」的心態，也能讓他繼續專心在學習上。

從他人的眼光來看，這種人或許好像老是在休息，或者是容易厭膩，馬上就將心思轉到別的科目上，於是才有「為什麼這樣的人成績還會這麼好？」的疑問。

事實上，正因為這樣的方法有一定的道理，所以效果才會這麼好。

對於企業來說，「投資效果」（Return On Investment，ROI）是一項不可或缺的重要考量。當你投入時間、費用與人力後，獲得了多少的回報、收穫或是效果呢？

這一點對於讀書來說其實也同樣重要。

**「所花費的讀書時間和努力能帶來什麼樣的成果」**，這樣的思維在我們讀書時必須要去思考。

每十五分鐘為一單位的學習方式與異質效果，可以說是提高讀書ＲＯＩ的最佳利器。

## ◆能提升效率的讀書計畫表

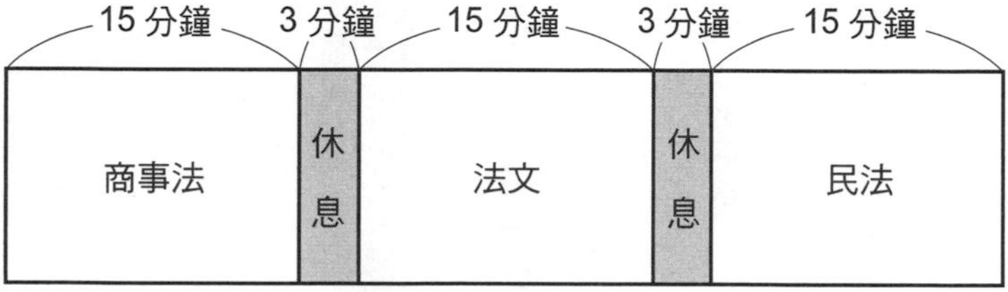


1 在讀得正起勁的時候中斷

2 以十五分鐘為一單位來制定讀書計畫

3 每十五分鐘換一種科目

讀書之前，先想想「所花費的讀書時間和努力能帶來什麼樣的成果」

# 2 成功人士的讀書法

## 讀書要先綜觀全局

### ◉先掌握書本的整體方向再開始閱讀

我曾經舉辦過時間管理的講座，其中我提到幾項能讓工作順利進行的基本原則：

**①綜觀全局來分配時間**

**②清楚決定事情的優先順序**

**③將重要的事全都記錄下來**

事實上，第一點所提到的「綜觀全局」，也就是「掌握工作的整體方向」，它也是讀書方法中不可或缺的要素之一。

一開始就沒頭沒腦地拼命死K並不適當，我們應該先掌握整體的方向之後再開始攻讀，這樣會更來得有效率。

例如將讀過一次的書再唸第二次時，閱讀速度會快得多，這就是因為我們的大腦裡已經掌握了那本書的整體方向的緣故。

所以，我們只要掌握住第一次讀的書的整體方向，事情就會順利得多。

記住一開始就埋頭猛K書是不對的。

## ◉掌握整體方向的讀書方法

基本上有以下幾個重點。

### ①仔細閱讀封面和封底

書的封面和封底，通常都會註明關於該書的特點所在。

### ②閱讀書的「前言」、「後記」和「目次」

◆掌握整體方向的讀書方法

1 **仔細閱讀封面和封底。**

2 **閱讀前言、後記和目次。**

3 **先閱讀各章的開頭十行和最後十行。**

雖然有的人會略過這些直接讀本文，不過這樣做並不好。因為「前言」和「後記」通常相當完整地彙整了該書的旨趣。

至於「目次」當然也是非讀不可的部分。

**③先閱讀各章的開頭十行和最後十行**

因為一般來說，開頭的部分和結尾的部分都是該章內容的重點所在。

若是能依照以上的方法掌握住整本書的架構，相信一定能幫助你迅速理解該書的內容。

**◉能運用在考試上的整體掌握方式**

我個人用的另一種方法，是買書中會詳細整理出每一章重點大綱的參考書。

假設一本書全部共有十章，那麼全部就有將近十頁的大綱整理。我會將這些大綱整理並複印後另外釘成一小本，然後仔細閱讀，這樣做就能掌握住這本書的整體概況。

此外，這本只有十頁的小冊子用於複習也很方便。

如此一來，我們就可以一直反覆確認書本內容的整體概況。

除此之外，這種「綜觀全局」的讀書法也可以用在考試上。

日本歷代總理當中，頭腦最好的首推宮澤喜一先生。

聽說宮澤先生在參加英文考試的時候，會先將整份考卷快速地瀏覽一次，如果當中的文章非常長，他會從文章的開頭和最後的部分開始看起。

我們在考試的時候也應該先將整份考卷瀏覽一遍，等決定如何「分配」之後再進行作答。此外，長篇的文章也可以採用宮澤先生的方法。所謂的「分配」，指的是先了解工作的整體方向後，再來決定工作的優先順序。

「這個好像蠻簡單的，不如等一下再做……」可以像這樣選擇先做較難的部分，也可以逆向操作，以「先從簡單的問題開始解答，然後再一鼓作氣將剩下的全作完」這樣的思維來解題。

不過，如果遇到「分數比例重，又好像需要花很多時間」的重要問題時，我認為就應該「分配」較多的時間在這些問題上。

**讀書就是要懂得掌握整體，讓我們以綜觀全局的方式來唸書吧！**

## 靈活運用三種讀書法

### ◉精讀與工作有關的書籍

#### ①精讀靠的是專注力

無論是為了工作還是其他目的，讀書是學習時所不可或缺的一種方法。

話雖如此，要提升讀書的效率可不是以相同的讀書法就可以一律適用的。

讀書方法應該要隨著讀書的種類而有所改變才行。

首先，非讀不可的就是與工作息息相關的書籍。

這類的書籍包括相關情報或是相關Know How的書，以及同樣也是非讀不可的相關文件。

因為這些書籍和文件基本上都輕忽不得，所以我們必須精讀才行。

話雖如此，也並不是要像閱讀文學作品一樣字字句句細細地品味，而是要準確地掌握重點，然後速讀。

我在擔任外商公司董事長時，諸如這種「非讀不可」的書籍和文件可說是堆積如山，因此我也自然而然地養成了「速讀」的習慣。

雖說務必要精讀並確實掌握住這些重要書籍與文件的內容，不過若是能擴大「一目了然」的文字量，也就是一次進入視野的文字數量能夠增多，那麼即使看的次數一樣，讀進的內容也會變多。

要有這樣的功力，唯有透過訓練才行。

「盡可能地多看一些」就是速讀的基本訣竅。

此外，速讀的時候應該要端正自己的姿勢，調整好自己的呼吸，讓想像自然浮現腦中，並排除多餘的緊張好讓自己放鬆。這些都是讓自己集中注意力的重點所在。

與工作相關的書籍非讀不可。而為了提升讀書的效率，你應該在「平時讀書的時候」就隨時訓練自己速讀的能力，好處理大量的資料。

## ◉ 情報蒐集式的讀書法以量為主

### ② 瀏覽與挑重點唸

第二種讀書法，是以新聞資訊為主的「情報蒐集式」的讀書法。廣義來說，閱讀報紙、雜誌，甚至是看 E-mail 等，皆屬此類。

這個時候我們就要以「量」來決勝負，而不需要精讀。所以採取瀏覽的方式或是只挑重點來看的概略性閱讀法會比較合適。

重點在於自己必須先有一個重大的問題意識再來進行瀏覽。

假設你對 M&A（企業併購）有興趣，就應該經常以「為什麼美商奇異公司（General Electric）能成功併購三百家以上的公司？」這樣的思維來吸收資訊。

這樣做能讓你在閱讀報紙或 E-mail 的時候，眼睛能隨時關注到「M&A」的相關訊息。

同樣地，如果你平時就有好幾個一直在關注的問題意識，那麼在瀏覽的時候就自然能快速地掌握到自己想要知道的重點。

## ●享受休閒式的讀書樂趣

### ③休閒式的閱讀

第三種是看小說等休閒式的閱讀。這時就可以從中慢慢地享受閱讀的樂趣。

以前我是以商業上的「Know How」或是經營指南之類的書為閱讀的重心。但最近我也開始閱讀戰國武將或是古典文學方面的書籍了。

雖然也有一些旁觀者認為：「那種幾百年前野蠻人時代的文學能讓我們學到什麼啊！」不過我相信人類的行動模式和感觸能夠跨越時空，所以一些經典文學還是相當有可看性。

例如面臨巨大變革的明治維新時代書籍，就對現代人具有相當的啟發性。而其他像是《四書》、《五經》或《孫子兵法》、《三國演義》等古典名著，也非常受到公司經理與主管們的喜愛。

像這種能夠砥礪自己成長的書籍當然不能用瀏覽的方式帶過，而且只精讀一次是不夠的。

我們應該將這些內化為自己的血肉，讀上數十遍才行。

Softbank銀行的孫正義先生就曾說過，司馬遼太郎的《龍馬風雲錄》是導引他人生方向的一本書。聽說他之前從來不曾將書讀過第二遍，但卻將《龍馬風雲錄》反覆讀了四遍之多。

當處於人生的轉捩點時，閱讀能帶給你某些啟發或是在行動上某些提示的書籍，都算是自己的「座右書」。

這樣的書值得你細細思考、玩味並好好閱讀。

工作相關的書——精讀
情報相關的書——瀏覽、挑重點唸
座右書——反覆閱讀，抱著愉快的心情閱讀

請像這樣改變自己的讀書方式吧！

## 如何學會速讀法

### ◉甘迺迪總統就是速讀高手

在美國歷屆總統當中，甘迺迪（J. F. Kennedy）算是既年輕又有才幹的一位。

聽說即使他當上美國第三十五屆的總統後，也沒有荒廢就讀法學院時所鍛鍊出來的「速讀」功夫。

當然，光是靠速讀並沒辦法當上美國總統，不過能比一般人更快速地獲取大量資訊，確實是一股相當大的助力。

甘迺迪的閱讀速度聽說是一般美國人的四倍。也就是說，一般人要花二十分鐘才能閱讀完的，他只要花五分鐘就看完了。他後來能夠「出人頭地」，也算是實至名歸。

當然，一字一句地「精讀」並思考每個單字的意義是成就不了速讀的。甘迺迪採取的速讀方式是「Skimming」，也就是所謂的瀏覽、略讀。只要用這種方法，就能讓讀書的速度突飛猛進。

## ◉絕對禁止的三種讀書方法

在此我想先介紹一下絕對禁止的讀書方法。

請各位從今以後不要再採取這三種讀書方式。

### ①唸出聲音，或是模仿讀音默唸

仔細看看你周圍的人，其中一定有一、兩個人是以這種方法唸書。但這麼做會使讀書速度永遠超越不了嘴巴唸的速度，所以應該要糾正。

剛開始時也許會很吃力，不過你務必要養成閱讀時不動嘴的習慣。

### ②逐字逐句了解意義

遇到稍微難以理解的字句，就拚命地思考「這到底是什麼意思？」如果像閱讀文學作品一樣去深究每個字句背後所隱藏的意義，閱讀速度絕對無法提升。

特別是商業文書，除了契約之外，情報蒐集性質的資料只要瀏覽就可以了。

### ③缺乏專注力

各位有沒有「只是眼睛盯著書本，但心思卻完全飄到別的地方去」的經驗呢？

我自己也常常在讀書中途就分心想到別的事情，等到發覺後才慌慌張張地將書翻回去重讀。

這就是因為專注力不夠的緣故。

如此一來，相同的地方就必須讀兩次，這只會浪費你的時間而已。

## ◉「從鯛魚到鱒魚」的讀書法

學會速讀的首要條件，是必須擁有**「快速閱讀」**的堅定決心。

最糟糕的是那種「要是能學會速讀就好了」或是「好想提升自己的閱讀速度喔」這類只停留在願望階段的天真想法。

我經常將讀書法比喻成「從鯛魚到鱒魚的過程」。

當然這並不是魚的名稱。

**好想提升自己的閱讀速度喔——小小的願望**

**我一定要提升自己的閱讀速度——堅定的決心**

也就是說，我們不應該只有「好想怎樣怎樣」的念頭，而要有「絕對要將這本書快速讀完」這樣的決心。

一定要有破釜沉舟的決心，自己才會下工夫去思考「應該如何才做得到」。

聽說日本人一分鐘能閱讀的平均字數是六百字。

請試著閱讀一般的報紙或是書籍，並用碼表計算時間。

接著，心裡想著「一定要超過一分鐘六百字」，然後重看一遍，並同時用碼表計時。有趣的是，只要心裡想著一定要更快一點，每個人都可以多讀二十、三十個字。除此之外，我們還要加上瀏覽（Skimming）的技巧。

實施的鐵則是**「絕對不能翻回前面再讀一次」**。

要是一發現有哪裡不太懂就翻回前面重讀一次，永遠無法提升閱讀速度。

## ◉學會瀏覽的三個訣竅

接下來，我與各位分享學會瀏覽的三個訣竅，請各位務必實踐看看。當然，前提是之前說過的「要有快速閱讀的決心」。

### ①別回頭看，要提升速度就得一口氣從頭看到尾

重點是一定要「一次讀完」。而且要懂得掌握重點，以跳躍式閱讀來進行。

因為是跳躍式的閱讀，所以讀完後一開始可能會有將近一半的內容不明瞭。這是正常的，不用太在意。

只要重複幾次，就能由了解六〇%、了解七〇%漸漸提高理解度。

## ◆學會瀏覽的三個訣竅

1 採用跳躍式閱讀

2 決定速度並測量

3 確認一下內容的意思

### ②決定速度並測量

首先以現在的「兩倍」速度為目標。

既然以兩倍的速度為目標，當然就無法一字一句地慢慢唸了。

隨時提醒自己要以兩倍的速度閱讀，並從中體會瀏覽的訣竅所在。

### ③確認一下內容的意思

也就是在閱讀完之後，確認一下自己理解到什麼程度。

最好的方法是重新慢慢地將該文章再讀一次。

「沒錯沒錯，上面的確是說兩倍……」

「咦？是三百人啊？我還以為是兩百人咧！」

就像這樣確認內容與自己理解的有無出入。

習慣了之後，你會發現即使在重讀第二次時，也幾乎不會有錯誤了。

如果能做到這種程度，就準備下一個更難的目標，繼續挑戰自己的速度吧！

## ◉審視重點部分

接下來要向各位介紹「審視法」。

所謂的審視，是指在瀏覽的同時，「盯住」或「注視」其中的一個單字或是關鍵字。這與瀏覽是完全不同方向的思維模式。不過對於「蒐集情報」來說，審視卻是不可或缺的重要一環。

這種運用審視的閱讀法，當然不是指要盯住所有的文字，而是只針對有興趣、重要、想要調查以及想要知道等部分來加以「注視」，其餘的一樣採瀏覽的方式就行了。

這就是結合「瀏覽」和「審視」的讀書法。

所以，首先運用瀏覽將自己的閱讀速度提升兩到三倍。萬一在當中遇到非常重要的重點或是自己想知道的部分，記得就要運用審視的技巧來增進自己的讀書效率。

總之，速讀可以透過瀏覽方式來提升整體的閱讀速度，而且不管內容如何，都能在比以往還要短的時間內將它讀完。

至於如果遇到特別想知道的內容，我們還可以運用審視的技巧，鎖定在關鍵字上閱讀。

## 第6章 重點

◎在讀得正起勁時中斷

◎每十五分鐘換一種科目

◎先掌握書本的整體方向後再進行閱讀

◎根據目的，靈活運用三種不同的讀書法

# 第 7 章

# 成功人士騰出讀書時間的方法

# 1 什麼時候適合讀書？

## 重要在於與工作並行不悖

### ◉事先決定讀書的時間

一般常見的時間分配方式，是分成「工作時間」和「私人時間」。

不過我認為將「工作」、「私人」再加上「讀書」的時間分配，才是未來不可或缺的人類生活方式。

至少我認為工作的時間不能用來讀書，你總不能在開會或接待客戶的時候背英文單字吧？

所以必須預先就將讀書時間排入每天的行事曆中。

首先將睡眠、事前準備、吃飯等每日生活必需的時間排除在外。

其中的分界線是「通勤時間」，不過一定要記得將這段時間也排入讀書時間當中。此外，在安排行事曆的時候也須明確分配好自己的私人時間，千萬不要在其間安插工作或是讀書計畫。與女朋友約會時，任誰都不希望被讀書或是工作干擾對吧？

所謂「並行不悖」，指的是彼此的時間和計畫都不會相衝突。

**「事先規劃好時間」**是學習時的鐵則。

具體來說，就是要事先確定自己一天當中到底能有多少時間以及能在哪些時間區段裡「讀書」。

所以首先要做的，就是了解自己一天當中能花多少時間在讀書上。

這樣的時間使用分析方式，就稱之為「時間研究」（Time Study）。這種方式是能有效訂定計畫表的不二法門。

## ◉時間研究與剩餘時間的活用法

不管是通勤或是準備出門，今天花三十分鐘，但明天卻花了兩小時，這種事不太可能發生。一般來說都會有大概的平均時間，只要知道後，讀書的計畫表就容易安排了。

只要利用時間研究來分析時間，就能夠清楚自己能集中在讀書方面的時間。

然後你就可以訂出以讀書為中心的時間表。

順帶一提，在記事本裡所寫下的工作計畫表稱之為「已預定的時間」，也就是已經預定而不能挪做他用的時間。

例如九點半到十點半要開會，下午一點到兩點要去A公司訪問等，這些寫在記事本上的時間都是屬於「已預定的時間」。

因為這些時間是「工作專用」的，所以不能用於讀書。

相對地，也有所謂的「活用時間」，這是指你能專心在「自己的工作」上的時間。

像這種「沒有寫在筆記本裡的時間」，就是還沒納入預定計畫的剩餘時間。

在讀書的時候，確認這種「活用時間」也非常重要。

也就是說，自己必須事先了解「能專心在某方面的時間」是什麼時候。

如果等到有時間空檔才思考：「嗯，那不如就來讀點什麼吧！」這已經太遲了。應該要事先規劃好這樣的時間才對。

我個人相當推薦兩個定期「能活用在讀書上的時間」，那就是「早上」和「通勤時間」。

下班之後因為在肉體和精神上都會非常疲累，所以對部分的人來說讀書效果並不好。

## ◆事先規劃好時間

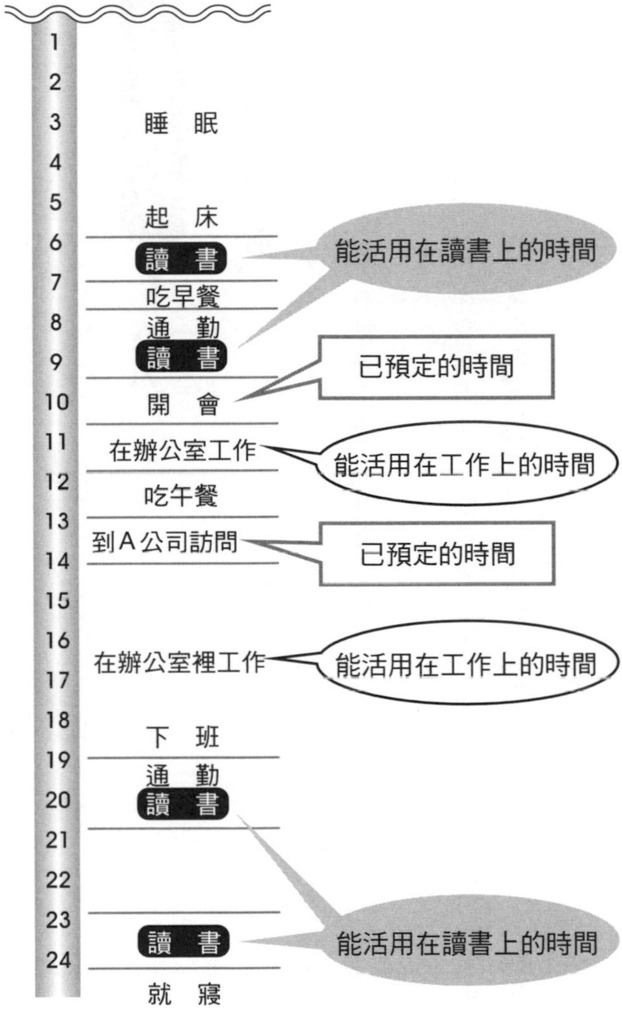
1
2
3
4
5
6
7
8
9
10
11
12
13
14
15
16
17
18
19
20
21
22
23
24
睡　眠
起　床
讀　書
能活用在讀書上的時間
吃早餐
通　勤
讀　書
已預定的時間
開　會
在辦公室工作
能活用在工作上的時間
吃午餐
到A公司訪問
已預定的時間
在辦公室裡工作
能活用在工作上的時間
下　班
通　勤
讀　書
讀　書
能活用在讀書上的時間
就　寢

不過對於企圖心較強的人來說，諸如去補習班上課等的「夜間」學習，其實也是不錯的選擇。

無論如何，清楚知道自己一天當中有多少「能活用在讀書上的時間」是絕對必要的。

## 早上是黃金時段

### ◉讀書要在「吃早餐之前」

在「早上起得了床」的前提下，大清早的時間可說是唸書的黃金時段。因為這時還沒累積一天的疲勞，周遭也因為他人尚未開始活動而顯得清靜，所以非常有助於自己集中精神在讀書上。

我偶爾會去衝浪。因為住家前方就是一片大海，所以常常會先衝浪後再去上班。這樣一來，我就能神清氣爽地開始我的一天。而且拜此之賜，我也取得了衝浪教練的資格。

一直睡到出門前才起床，並且沒吃早餐就到公司，這是一個非常嚴重的錯誤習慣。

其實不只是在學衝浪時要養成早飯前進行的習慣，利用這段時間學習其他事物時也一樣。

日文中有句形容詞：「早飯之前。」（註：意指小事一樁）所以在吃早飯前讀書，也同樣會讓維持高檔的讀書效率成為「小事一樁」。

希望各位能按照前文所說「每十五分鐘為一單位」的學習法，養成在上班前先利用一、兩個十五分鐘來讀書的習慣。

當然，這樣的時間安排也是要事先計劃。

## ◉先決定好起床後的「儀式」

聽說經常難以安眠的人只要在睡前進行「就寢儀式」，就可以安然入睡。例如喝一小杯紅酒當睡前酒，或是泡個水溫剛好的半身浴，甚至做一百個伏地挺身後再去睡也是不錯的方法。

類似的儀式也可以在起床之後做。例如能讓頭腦清醒以集中精神在讀書上的起床儀式。

像是廣播體操、瑜伽，或是收看電視或廣播的教學節目來學習等，都是不錯的選擇。一起床就看教學節目或許有點辛苦，不過只要打開電視代替鬧鐘幫自己醒醒腦就行。

以前的哲學家們，如古希臘的逍遙學派，會將「散步」當成每天必做的功課。哲學家康德也會在每日早晨固定的時間去散步。據說住在附近的人家一看到康德出來散步，就知道現在是早上五點了，比鬧鐘還管用。

這種「走路」運動，其實也是能讓腦內吸取大量氧氣的「有氧運動」。事實上只要能在早上讓自己動動腦筋或是做做熱身操，通勤時間就會成為很好的讀書時間。

除此之外，你還會有一種「賺到」的感覺，好像這天的時間特別多。如果想在通勤時間讀書，那麼早起動動腦或是動動身體做熱身運動最有效果。從今天起將「早起」當成讀書的開始吧！

# 2 通勤搭車時的讀書方法

**活用通勤時間**

### ◉車廂是你的第三個書房

如果你有心要唸書，那麼通勤搭車的車廂應該是一個最能讓你挪出時間的場所。

以我來說，從家裡到公司要花一小時的時間，而且一定有座位可坐。在往返兩小時的時間裡，足以讓我好好唸書。所以通勤車廂就等於是我的第三個書房一樣。

要在通勤的時候讀書，也一樣要事先就擬定好計畫。而且這種時候最好採用較為多元化的讀書方法。

### ◉選擇適合的學習性質相當重要

不適合在通勤時間進行的是「寫」和「說」等輸出性的學習。

相反地，「讀」和「聽」等輸入性的作業，就非常適合在通勤時進行。

另外一個重點是學習的組合方式。例如可以將「讀」和「聽」相結合，有時候也可以「邊讀邊聽」。

不過一開始的時候，還是應該按照步驟來，先專心「讀」或專心「聽」。如「開始前十五分鐘先看TOEIC的參考書」、「下一個十五分鐘訓練聽力」等。以我來說，因為早上通勤時還不覺得累，所以我會讀較為厚重的書。等到下班時，因為已經相當疲倦了，所以這時我會讀比較輕薄、自己較有興趣或是能讓我放鬆的書籍。

## 在車廂裡訓練專注力的方式

### ◉五種專注力訓練法

在通勤時間裡看書或聽錄音帶，其實相當辛苦。因為會出現突然的搖晃、擁擠，或是他人說話的聲音干擾。

不過能在這種不容易集中精神的場所進行提高專注力的訓練，反而也是一種活用時間的方式。

就請各位按照以下的方式訓練看看，你會發現還蠻有趣的喔！

**①記住前座的人的服裝**
**②試著保持平衡**
**③在一站的時間裡集中注意力**
**④進行想像訓練**
**⑤坐禪**

## ◉如果無法集中精神，「看了等於沒看」

### ①記住前座的人的服裝

我曾經在主持進修講座的時候，以「我們雖然看到了彼此，但卻什麼也沒看見」為主題，請在場的人做一個小小的實驗。我先請他們與鄰座的人交談兩分鐘，然後讓他們背對背而坐，好看不見彼此。

接著我問他們：「鄰座的人穿的衣服是什麼顏色？」「領帶是什麼顏色？」以及「對方的公司名稱是什麼？」等問題。

「這個嘛，好像是藍色的素色領帶吧？」「他應該是穿白色的襯衫……」回答的人雖然這麼說，但實際上對方穿的卻是「沒有領帶的酷甏裝」（Cool Biz）、「襯衫的樣式是藍色直條紋」等，所以大部分的人都像這樣答錯了。

人如果沒有集中精神，就算看到了，也會「等於沒看見一樣」。

「好！我一定要記住他穿的衣服和領帶樣式！」像這樣的決心非常重要。

諸如此類的意識集中訓練，其實在車廂裡也可以做。

即使身處惡劣的環境中，你也可以對抗緊急煞車和搖晃，集中精神觀察坐在對面的人。

等到覺得自己已經記住了後，就可以閉上眼睛開始回想，然後再睜開眼睛確認。

剛開始的時候，你會覺得「明明剛剛才看過」，但卻總想不出一些細節部分。

不過經過幾天的訓練之後，你一定能「正確地」回想起來。

這就是專注力提升的證據。

## ◉如果無法集中精神將無法保持平衡

### ②試著保持平衡

這是當車廂中沒有座位可坐，必須站著搭車時可以進行的訓練。要保持身體平衡，就必須非常專心才行。相信人家都有在車廂中不小心差點摔倒的經驗吧！

當然，因為保持平衡是刻意去執行的動作，所以時間上不適合太久。只在一站的距離或是只執行三分鐘左右都可以，你可以在通勤時間裡進行兩、三次。不過進行的時候要記住，這只是在做「保持平衡的練習」而已，所以只要從輕輕地握住吊環開始做就可以了。也就是說，保持在有傾倒之虞時能立刻緊抓住吊環的狀態就ＯＫ了。

## ◉在三分鐘內記憶單字

### ③在一站的時間裡集中注意力

之前已經說過，專注力的最小單位是「十五分鐘」。

不過在車廂裡，又可以將時間切割得更細一點。

這是因為有的人搭車的時間非常短，可能連十五分鐘都不到。所以我建議最好利用「三分鐘左右」的時間來做專注力訓練。這大約就是從這一站到下一站之間所需花費的時間。

「到下一站之前要背三個單字！」

這是讓自己加強注意力的方法之一。也就是給自己一個目標。

其實不限於背單字，只要決定在一站三分鐘左右的時間裡能記住什麼，就可以有助於提高你的專注力。

或者是告訴自己：「要在三分鐘之內想出一個開會的主題或新的企劃案。」這也可以提高我們的專注力。

今天就開始試著在車行進的站與站之間，運用簡短的時間進行專注力訓練。

## ◉在車裡輕鬆一下

## ④進行想像訓練

人都無法長久維持在緊張狀態中。

所以如果一直在通勤的時候集中注意力，結果勢必會非常累。

因此，你不妨在其間穿插一些可以讓自己放鬆的想像力訓練。

聽說一流的運動選手連比賽時吹拂過身體的風，都能鮮明地在腦中浮現出來。

在考汽車駕照之前，許多人應該都會在腦裡想像自己正開車行駛在道路上，或是倒車入庫的畫面。

同樣地，你也可以讓自己在車廂裡馳騁想像。

- 順利簽訂合約時受上司稱讚的畫面
- 活動企劃成功後與同事們開慶功宴的畫面
- 按照原訂計畫完成工作並且不用加班的畫面

以上是和工作相關的畫面。讓自己想像類似這種使自己心情舒暢的畫面或事項，這麼做與其說是「訓練」，倒不如說是一種享受。

另外也可以預想當天要去拜訪客戶時的交談內容，並想像客戶回答「Ｙｅｓ」的場景。這樣一來，屆時就真的可能談妥這樁生意，因為你已經先在腦袋裡排練一次了。

如果是「覺得自己好像累積了不少壓力」的人，不妨試著想像一些旅行時看過的美景，像是普吉島的夕陽或是歐洲的古堡等。

若是藉由古典樂或電子合成樂來撫慰人心的方法稱為「音樂療法」，那我提供的這種利用想像來放鬆心情的方法，應該也可以稱為「想像療法」吧！

## ◉忙碌的現代人少不了坐禪

### ⑤坐禪

一般人很少有靜靜地坐禪的習慣。

但是「打坐」和「冥想」其實是忙碌的現代人所必備的。

所以你可以在車廂裡試著進行一些類似坐禪的動作。

不要靠在椅背上，好好挺直背，記住自己不是在睡覺，而是在「坐禪」，然後將眼睛輕輕閉上（半開半閉就可以了）。

接著慢慢地進行綿長細密的深呼吸，讓吐的氣比吸的氣還長。

以上是可以在車內椅子上進行的簡易坐禪方式。當然如果時間允許，你也可以在早上時在自己家進行。

五分鐘也好，十分鐘也好，每天都要持續這麼做。

◆在車廂裡訓練專注力的五種方法

1. 記住前座的人的服裝
2. 試著保持平衡
3. 在一站的時間裡集中注意力
4. 進行想像訓練
5. 坐禪

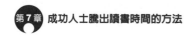

# 3 隨時隨地都能讀書

## 善用零碎時間讀書

### ◉不要忽視零碎時間

假設你是業務人員，在外出拜訪客戶時，接待員對你說：「山本先生，不好意思，我們的總經理還在開會，大概還要十五分鐘……」，然後表示請你等十五分鐘左右。

像這樣的零碎時間，你都如何度過的呢？比較遜的方式就是乖乖在那裡發呆等待，要不然就是隨手翻翻擺在架上的雜誌。若是選擇出去晃兩圈，有的人甚至誇張到去打打電動遊戲殺時間。

為了有效地利用時間，也為了爭取多一點讀書的時間，你應該好好活用這樣的零碎時間才是。

如果一天當中以十五分鐘為一階段，那麼兩階段就是三十分鐘，而三階段就是四十五分鐘，相信每個人都能騰出這樣的時間才對。假設每天有三十分鐘的零碎時間，一星期乘以五天，就有一五〇分鐘，一個月就有六百分鐘，也就是十個小時。

很驚人對吧？如果再以一年期間來換算，十二個月就一共有一二〇個小時之多。如果我們一年有這麼多的時間可以讀書，那還怕書讀不好嗎？

但是這一二〇個小時並不是完整的時段，所以很難將它安排在行事曆上。

也就是說，我們一次能夠利用的就只是其中的十分鐘、十五分鐘等零碎時間而已，所以也無法將一次得花上三、四個小時的讀書計畫排進去。

那要如何利用這些零碎時間來讀書呢？

## ◉讀書需要擬定候補書單

搭飛機的時候，通常都會有一份等待有人取消機位的候補乘客名單。

因為如果不這樣做，當天無法登機的客人機位就會空下來，導致飛機在沒有客滿的情況下起飛，當然這樣會造成航空公司的損失。

但只要有這份候補名單，航空公司就知道「下一個等待機位的是田中先生，再下一位是山田先生」，如此就不會浪費機位，而能經常性地讓飛機以客滿狀態起飛。

這個候補機位的點子，也可以運用在零碎時間的讀書上。

也就是說，你可以事先列出如果出現這種零碎時間時**「可以讀什麼」**的清單。否則假如突然有十五分鐘的空檔，當下一定無法馬上決定自己這時該讀些什麼。

而且這麼做，可以讓自己一旦意識到有空閒時間就能馬上對照手邊的候補書單來讀書，這麼一來就再也不會臨時手忙腳亂了。

「好，那段時間可以背三個英文單字！」

「如果有二十分鐘空檔，應該就能寫完這本題庫的第二單元才對。」

像這樣若能事先列出清單，就能馬上知道自己要做什麼，而且只要利用到零碎時間就可以了。

「現在到底要讀些什麼好呢？」的猶豫不決狀態，比起立刻可以查手邊的候補書單得知當下該讀什麼而著手進行，這兩者之間以長遠的眼光來看相差非常的大。

擬定好零碎時間應該讀什麼書的清單，然後一步步地去實踐它吧！

## ◉好好利用上廁所的時間

如果工作真的很忙，常常會忙到整天都暈頭轉向，所以很難挪出「自己的時間」。自己的時間稱之為「時鎖」（Timelock），也就是必須像將時間上鎖一樣製造出一段任誰都不能打擾的時間區段才行。

如果沒有一個「只屬於自己，任誰都不能打擾的時間」，那麼無論工作或是讀書都不會有好的成果。

雖然情況因人而異，不過有一個自己專用的書房，一旦鎖上之後別人就再也無法打擾的人，應該不多。

事實上，每個人都有一個可以上鎖的個人空間。

那就是廁所。只有這個空間可以讓你擁有完整的個人時間，而且這是你每天都要去的地方，所以你要在那裡待五分鐘或十分鐘都可以，沒有人會抱怨。

因此，在廁所裡的時間絕對要加以有效利用。

我去美國時常常會買一些笑話集回來。美國人喜愛說笑話，所以我常常能從中找到一些演講時可以派上用場的笑話。

我將這些笑話集都放在廁所裡，然後每天早上一邊如廁一邊將每個笑話翻譯出來。我也在廁所放了筆記本和筆，為的就是讓自己方便翻譯。

這樣一年下來，我可以翻譯出將近三百個笑話。

我也預定在不久的將來將這些集結成書出版。

所以說我可以一邊如廁、一邊學英文、一邊研究笑話，將來還可以將這些笑話出版成書。

我想這正是所謂的「一石二鳥」，不，應該是「一石四鳥」才對吧！

## ◉利用睡前時間讀書

另外一個自由的時間是睡覺前。

每個人在就寢前的二十分鐘都是屬於自己的，所以可以利用上床後的二十分鐘來讀點書。

請先決定好可以在床上閱讀的書籍。以我來說，我都會挑原文書來讀。

因為這種書的專業性質很高，所以必須要找一個非常安靜的場所來看才行。像在電車裡就不適合讀這種書。

我的工作是在眾人面前說話並教授他們知識，所以我必須隨時尋找說話的題材、演講的內容以及其他新的材料，這些事我也會在睡前的二十分鐘來進行。

因為唸的是原文書，所以其中當然少不了艱深的內容。於是當我認真地讀了二十分鐘後，睡魔就來襲了。

如此一來，我就可以香甜地入睡。這又是一個一石二鳥之計。

總之，請各位有計畫地善用上廁所和睡前的那段時間。

## 開始時先做優先程度高的事

### ◉利用初期效果

根據心理學的研究，人通常都會對「一開始」學的事物印象深刻，也比較容易記住，這就稱為「初期效果」。

假設你在讀書的兩小時中遇到非記住不可的重要內容，最好的方法是不要採取「倒回頭看」，將重要、優先程度高的內容安排在一開始的時候就看，才是最有效的讀書方法。

由淺至深，先「熱身」之後再看比較難的內容，當然也是一種方法。

不過，初期效果的威力非常強大。因為第一次翻開教科書看的那一頁、字典裡的第一個單字，以及第一次上課時的內容等等，自己通常都會記得很清楚。

## ◉將好樂圓的內容留到後面再讀

在訂定行事曆時，務必記住初期效果的原則，將它運用在讀書計畫裡。也就是說，必須將當天非記不可、優先程度高的內容，放在剛開始的十分鐘或二十分鐘來讀。

這樣做不但能達到初期效果，還能讓心理上的壓力得到解放。因為如果將重要的內容往後挪，會帶給自己一種「重點還沒讀到」的壓力。而且萬一今天讀不完，這些重要的部分就得留到「明天」才能讀。萬一你還因此產生一種「不然改天再讀書好了」的心態，就會導致讀書進度一直延宕下去。

但是如果一開始就將重要的部分讀完，接下來在心態上就會比較輕鬆了。訣竅就在於「將好樂圓的內容留到後面再讀」。

好——自己喜好

樂——能讓自己樂得輕鬆

圓——能圓滑地運用時間

這就是所謂的「好、樂、圓」。

如果是自己喜好的讀書內容，即使身體狀況不是那麼好，也沒什麼勁，仍然比較能讀得下去。

至於能讓自己樂得輕鬆的讀書內容，可以利用零碎時間來學習，所以並不需要一開始就將它讀完。

最後是能讓自己圓滑地調整讀書時間的內容。老實說，有些內容真的不是這麼重要，所以不需要特別先安排在前，之後有空再讀就好了。

將好樂圓的內容留到後面再讀，其實也是活用初期效果。

也就是說，雖然會有點吃力，不過還是得將非看不可的重要內容在一開始時就先看完。

## 無論學習什麼都要訂定期限

### ◉提高讀書速度的截稿爆發力

讀書的節奏感非常重要。特別是當讀書超過一個小時後，注意力就會陡然下降。

所以就像我之前提到的，在訂定讀書計畫表時「以十五分鐘為一單位」是非常好的方法。

偶爾也要讓自己稍微休息一下，專注力才不致潰散。

像工作一樣只是將讀書時間拖長而已，這是最糟糕的讀書方法。

為了不浪費時間，讀書之前應該事先決定**「休息的時間」**，然後在這之前設法將該讀的範圍讀完才是。

如果不這樣做，就會一直將時間拖長，心想「再十分鐘就好了」、「反正還有時間」，結果將事情弄得沒完沒了。

「三十分鐘內要做完」、「九點半的時候要結束」等等，應該像這樣替自己設定一個期限才行。

其次，「假如書還沒讀完，但是『交貨期限』卻已經到了，就應該停止讀書」，這一點也要澈底遵守。

當然，所謂的「交貨期限」指的不是工作上的期限，而是指讀書的「截止期限」和「已經計畫好的休息時間」。

我以前曾發生過這樣的事。

有一天我的秘書對我說：「老師，今天是雜誌的交稿最後期限喔……」

「什麼？是今天嗎？真糟糕！我都還沒動筆呢！」我如此回答。

「剛剛編輯打電話來了，他生氣地說今天一定要將稿子交給他。」我的秘書如此威脅我。

可是我五點要搭車去大阪，而現在已經是下午三點了，況且我還必須在四點的時候離開公司去搭車。

於是，我就在這僅剩的一小時裡拼命寫稿。將近十張稿紙的稿子，就這樣在一小時之內寫出來了。

那時我真是下筆如有神助，火速就完成一篇不錯的稿子。我將這個情形稱之為「截稿爆發力」。

各位不妨也替讀書時間設個期限，然後在那段時間裡專心一志吧！

## 第7章 重點

◎事先決定讀書的時間

◎早上是讀書的黃金時段

◎車廂是自己的第三個書房

◎善用零碎時間

◎先從重要的部分讀起

◎替讀書時間訂下期限

# 第8章

# 與別人拉開差距的讀書祕訣

# 1 加深理解程度的方法

## 讀書是一項計畫八分、實行二分的工作

### ◉讀書就如「巴甫洛夫的狗」一樣

各位聽過關於巴甫洛夫（Ivan Petrovich Pavlov）的狗實驗嗎？這是一個關於條件反射的理論。

同樣的房間、同樣的書桌，同樣的照明、室溫以及房間的味道等等，但只要進入這樣的環境，就能發揮出平時讀書的高效率，這就是所謂的條件反射。

所以，絕對不能輕忽讀書時附帶的環境條件。

室溫、照明，甚至椅子的硬度，其實都是關乎你讀書成果的重要關鍵。

有人認為二十四度最適宜，也有人在二十六度時身體才會處於最佳狀態，所以其實所

◆讀書的相關事宜應該在事先就決定好

讀書計畫，或是書桌、椅子、照明、室溫等
房間的環境，其實都跟讀書的成果息息相關

重點是「計畫八分，實行二分」

謂最適合的溫度因人而異。

同樣地，有的人喜歡坐硬一點的椅子，但也有的人覺得坐在沙發上比較能放鬆，讀書效率也比較好。

重要的是，**自己是否能一進入那個環境就立刻進入讀書狀態中，並提升讀書效率**。

戰略家奧斯勒（William Osler）曾經說過：「說來不可思議，但事情總是會朝我們預期的方向而去。」

其實讀書也是一樣。只要在充分的事前準備之下按照預定的計畫讀書，就會朝那樣的方向顯現出成果。

讀書的成果多半在訂定計畫和環境設定的階段就已經決定了。

讀書是**「計畫八分，實行二分」**，記住這個原則，然後做好事前的準備吧！

## ◉積極參與各種進修活動或講座

公司舉辦的進修活動、外部的各種講座，以及晚上或是週末的學習活動等，如今是越來越多了，這表示現在公司越來越重視自家員工的能力開發與自我啟發。

類似這樣的活動，你絕對要多參加。能有這樣的機會，其實應該心存感激才是。

「工作都忙死了還要去進修？拜託，饒了我吧！」員工之中當然也有這樣不願意出席進修課程的人，但其實這是天大的錯誤。公司肯花錢讓你去學習，世界上沒有比這更好康的事了。

事實上員工還應該懇求上司，請他讓自己去參加進修或各種講座才是呢！有些人會在心不甘情不願的情況下出席，然後躲在後面的位置上睡大覺。這樣的員工真是浪費公司的錢還有自己寶貴的時間。

你應該坐在最前面，以恨不得將講師獨占的心情去聆聽才是。特別是參加公司內部的進修課程時，就是你展現自己實力的機會。讓公司裡的講師稱讚你「A先生，你真是個優秀的人才啊！」而且無論如何，都絕對不能打瞌睡。

至於公司外部舉辦的講座，通常請到的一定都是相當知名的專家或是講師。所以各位也一定要掌握這個機會，去學一些知識和技能。

「非常謝謝您這場精采的演講，聽了之後真是感覺受惠良多。我可以跟老師您交換名片嗎？」聽完演講後，記得跟講師這麼說並和他交換名片。相信大部分的講師都會樂於與你交換名片。

拿到名片之後，也請記得寫封道謝函向他表達感謝之意。

這樣一來，有名的講師就很容易能跟你成為好友。

總而言之，只要公司願意出錢讓你進修學習，就請務必踴躍出席。

## 讀完書後試著教別人

### ◉為了能教人，必須將內容了解得更透徹

我曾經一邊擔任外資企業的董事長，一邊從事卡內基課程講師的工作。董事長的工作是相當繁重的，而在那之餘，我還得負責「教導他人」的工作。雖然很辛苦，但我還是從中得到了不少收穫。

因為透過「教導他人」，我不但提升了自己的能力，同時也讓自己學到了不少東西。

卡內基課程是世界有名的講演教室，同時也從事教導業務人員的教育工作。之前我曾經說過「我可以在沒有稿子情況下用英文演講好幾個小時」，其實這是因為我必須用英文在卡內基課程裡教課，才拼命練習出來的成果。

作為讀書法的一種，我建議各位也可以試著去「教導別人」，或是「向別人說明」看

看。

想要教會別人或是能清楚的向別人說明，其實是件相當不容易的事。

就算在自己的公司裡，也常常有人對我說：「我也想當一位講師，請箱田先生收我為徒好嗎？」不知道是不是因為我總是在別人面前愉快地侃侃而談，才會給這些人「看他這麼輕鬆，似乎我也能做得到」的錯覺。

其實要像說笑話般輕鬆愉快地與人對談需要相當程度的努力。因為能一邊狀似愉悅一邊「自然地與人交談」的人非常少，特別是在眾人面前。而想要靠這樣的技能來賺錢則更是難上加難。

況且大部分想當我徒弟的志願者，到最後都會說「試過了之後，覺得自己好像不太適合」或是「這比我想像中難多了」而決定放棄。

因為如果自己沒有相當程度的了解，就很難傳達給別人。

## ◉教人時必須注意的三件事

當我將已經「學過」的東西「教授」給學生時，發現到有些東西不是「學過」就能了解的。

◆教導別人的好處

1 可以將事實進行再次確認

2 可以有新的發現

3 能提升幹勁

**「再確認」**就是其中一個例子。

我曾經學過為了讓人克服發言恐懼症，可以在他發言的時候在他身後放一張大桌子。

確實在放了張桌子之後，有恐懼症的人就因為心想後面有東西「支撐」著而克服了發言恐懼症，變得可以在後面有張大桌子的情況下進行發言。

原本「真的是這樣嗎？」的疑慮，卻在實際的教授中獲得再次的確認。

所以，你可以藉由教導別人，讓自己重新確認之前學過的東西「沒錯！」，而且「真的是這樣！」。

第二個例子是**「新的發現」**。

當聽講者提出問題的時候，我們有時會有「原來還有這樣的看法啊」的感覺。

藉由別人的問題，可以讓自己知道自己是不是只侷限於自己的那個「框框」當中，而這也是「教人」的好處之一。

第三個例子是你的**「幹勁」**會提升。

「要怎麼樣才能更清楚地傳達我的意思呢？」、「要怎麼教他們才會懂呢？」，就是因為這樣的動機，才讓我知道「還是要舉一些具體一點、實際一點的例子才行」、「我得在教學當中加入一些好玩一點的元素才行」，於是我才得以在往後的幾年裡，發展出在進修業界裡耳熟能詳的TWA以及Insight（洞察式）的教學方式。

只要你以「教學」為前提來學習，自然就會在腦袋中整理出一些東西。

「這裡好像可以整理出三個重點出來」、「我想如果不先將結論說出來他們不會懂。不過結論到底是什麼呢？」像這樣一邊學習一邊想，就可以同時將學習的內容給整理好。

## ◉以國中生能不能聽得懂為標準

說得極端些，只要你能將學到的東西以連國中生都聽得懂的方式去做描述，就等於是抓到了它的本質。

但如果你只能說得出專業術語，或是只能用國中生無法理解的方式去做說明，那你自己的理解程度恐怕也不夠。

有一個廣播節目名為「孩子們的電話聊天室」。

「為什麼天空是藍的？」

「為什麼一年有十二個月？」

廣播裡的專家們對於這類小學生的疑問，都能以淺顯易懂的方式來回答。

像這類很難對外行人說明的問題都能以容易理解的方式做說明，讓我不得不佩服起這些專家。因為他們都懂得在掌握住重點的前提下，用淺顯易懂的方式來表現。

別說是國中生，如果你解說的「易懂指數」連小學生都能聽得懂，那才是最厲害的。

反過來說，如果你無法用容易理解的方式來解釋的時候，就表示你本身也對這個東西不是百分之百的理解。

# 2 克服低潮的方法

## 克服低潮的方法因人而異

### ◉每個人都會有低潮

就算告訴自己要以愉快的心情來學習，但每個人總是會有面臨到「低潮」的時候。有時候自己就是怎麼做都不順，也提不起勁。

無論再怎麼優秀的人，也都會經歷這樣的一段時間，即使是超一流的運動選手，像是老虎伍茲或鈴木一朗，也不可能一直處於百分之百的絕佳狀態。

所以，請記住**低潮期是必經的一段歷程**。

以學習心理學來說，這種情況稱為「高原期」，也就是「低潮」、「停滯」的時期。

假設你現在要學第二外語。目前韓流正盛，就舉韓文為例好了。一開始你的學習速度

## ◆克服低潮的方法因人而異

如果陷入低潮

**天才型→** 試著做做別的事

---

**努力型→** 做做比較基本的練習或是自己比較擅長的部分

非常快，也進步神速。

「原來韓文母親是어머니（omoni），日文的母親也是源此而來的啊？」、「原來向要離去的人告別要說안녕히 가세요（an nyeong hi ka se yo）啊？」你會像這樣源源不絕地吸收很多類似的知識。

但三個月或六個月後，你會感覺自己的進步幅度好像已經停止了。這就是我所說的低潮狀態。

這個時候最好的作法，就是以樂觀的角度告訴自己「低潮、高原期的現象是每個人都會經歷的」，或是「也許就是自己學得太好太快了，低潮才會這麼快來」。

## ◉走出低潮的方法

除了要有前述樂觀的想法之外，還應該怎麼做才能走出低潮呢？

其實方法是因人而異的。在這裡，我將它分成天才型和努力型兩種。

所謂的天才型，是指平時不需要怎麼用功就能抓到學習的要領，只要在考試前稍微唸一下就能順利通過考試的人。

像這樣的人如果遇到低潮，就應該馬上去做別的事來調整一下心情。打打電動也好、出去旅行也好、去喝一杯也行，總之只要能讓他忘記讀書這回事，他的實力就能復活。

另外所謂努力型的人，就是即使他提不起勁、陷入低潮，也會乖乖繼續用功的那種類型。

我自己就是屬於努力型的。我的思想比較接近「苦幹實幹才是成功的訣竅」，而「無論如何，我就是要努力」，則是我一直以來的思維模式。

如果是這種人陷入低潮的話，那麼最簡單的方法就是乖乖去做一些基本的練習，或是挑一個自己最擅長、最喜歡的部分去唸。這樣一來你會漸入佳境，然後恢復原有的狀態。

無論你是屬於哪一種類型，所謂的低潮都是在開始唸書之後才會產生。什麼都不做的人是連低潮都不會有的，這點請你謹記在心。

# 利用剛開始的四分鐘克服懶散

## ◉要克服自己的惰性相當困難

大家畢竟都是人，所以總有狀況不好或是提不起勁的時候。這個時候你一定會有「不如今天就別唸了吧」或是「不如就早點睡吧」的想法，對吧？

不過這個時候我要請各位再想一想。因為這樣的怠惰是會成為習慣的。要是你今天認為「今天就算了」，那麼明天你就可能又會覺得「我不行了，不如今天也休息吧」。

這樣的怠惰習慣是人類最容易犯的毛病，而且非常不容易治癒。

我個人因為興趣而有做重量訓練的習慣，也就是所謂的健身。

這也是一項不容易持之以恆的運動項目。因為沒事就這麼扛舉著重重的槓鈴是相當單調無趣的。此外，這也需要耗費相當大的體力，所以會很累。

因為都是在下班之後到健身房，所以常常會因為很累而想直接回家休息。

但要是在這個時候直接回家然後睡覺，就會養成怠惰的習慣。

人是非常柔弱的，所以都會想選擇簡單的路走，也因此很難戰勝怠惰的毛病。

## ◉如何克服惰性？

那麼，就來想想克服惰性的方法吧！

想回家的時候，我會直接回家。

不過若是就這樣倒頭就睡，我會覺得自己太懦弱，而興起自責的意念。

所以我決定自己在家裡先做三十個伏地挺身再睡。

重點來了。那就是在不想做的時候，告訴自己先做一些簡單的就好的想法。

伏地挺身三十下，相對性的負擔較小。也就是在精神和肉體上，都只是小小的運動一下而已。

在做完三十下之後，我覺得就這樣睡覺有點可惜，於是興起了再做三十下的念頭。做完之後由於整個身體都熱了起來，所以我又想再做個三十下。

結果我整個人精神都來了。一旦進入狀況之後，我開始用家裡的啞鈴等健身用具，最後做了將近一個小時的重量訓練。

美國心理學家蘇寧（L. M. Zunin）曾經說過：「剛開始的四分鐘非常重要。」

如果能夠撐過一開始的四分鐘（The First 4 Minutes），你的認知思維就會固定，之後就會輕鬆多了。

我在寫稿的時候也是一樣。常常會有今天好累，乾脆不要寫直接去睡覺好了的念頭。這個時候我心裡會想「那不然今天就只寫一張稿子就好了」，然後只寫出一張簡單題目的稿子。這樣的時間大概就是四分鐘。

之後我就進入狀況了，於是漸漸寫出十張、甚至二十張份量的稿子。

所以只要能度過最初的四分鐘，就能克服自己的惰性，這就是讓自己繼續讀書讀下去的訣竅。

# 3 讀書能提升自己的競爭力

## 競爭對手能讓自己成長

### ◉競爭對手最好是身邊的人

人，除非發生過什麼重大的變故，否則很難超越「自己」。像我就將「競爭對手」和「師父」，當成兩個能讓自己提升的原動力。

首先我先說明一下關於競爭對手的部分。

要找一個人當自己的競爭對手，最好是找「實力比自己稍微好一些」的人。要是對方的實力高出你太多，不但你會沒有那種實際感，你的鬥志也不會太高。一個相撲的新手不可能拿橫綱（位階最高的相撲力士）當自己的競爭對手。這是因為實力相差太多的緣故。

實力相近但又比自己再好一點，這樣的對手不但能成為自己很好的目標，也能給自己一定的刺激感。

如果是那種「沒什麼特定競爭對手」的人，也請你無論如何都要找出一個對手來。只要有競爭對手在，你的鬥志就會提升，在讀書的時候也會受到激勵。

如果不能在平常的時候加以比較，那麼這個競爭對手的實用性就差了，所以最好是將在自己附近，也就是同公司的人設為競爭對手。這樣一來在工作之餘，也能藉此提升自己的能力。

說起來是有點不好意思，不過我也曾經有過「競爭對手」。

我之所以會在外商企業拼了命的工作，就是因為當時有著「不想輸給那個人」的心態。

當然你沒有必要跑去跟對方本人說：「你知道嗎，我將你當成自己的競爭對手耶！」

若是我的話，我會私下在心裡盤算：「嗯，這個人的能力不是蓋的，私底下的待人接物也有很多可供我學習，工作上的表現也很好，的確是個可敬的對手。」

所以，如果當初我沒有替自己設競爭對手，我想我不會有今天的成就。

其實與其說那樣的一個對象是自己的競爭對手，不如說是自己將來希望成為的「理想範本」。

你可以將這樣的理想範本跟現在的自己做比較，想想看那個人身上有沒有什麼是自己所沒有的優秀特質。

然後，針對自己不足的部分，用讀書學習來彌補。

## ◉好老師能幫助自己進步

除了競爭對手之外，另外一個從以前就經常被提起的重要夥伴就是「師父」。沒有師父，學習就不會進步。

學任何事物的時候，直接找人學是最快的。

如果能找到一位好師父，身為徒弟的潛能就能被完全發揮。所以首先要做的，就是「找到自己的師父」。

江戶幕府末期，在松下村塾就讀的人每個都在明治維新，也就是世界唯一的不流血革命的當中立下大功。這是因為他們的師父就是那偉大的吉田松陰。

所以請你也一定要找出自己在學習上的「吉田松陰」。

我在「技術」層面上的師父是卡內基課程中的老師們。

而在「心理」層面，則受到了我的禪學師父菅原義道非常大的影響。當然他的聲如洪鐘，以及對每一個人都以平等、對等的姿態進行溝通的態度，也在「說話技巧」層面上，給了我很大的啟示。

雖然現在有人給了我「大師」這樣誇張的封號，但比起那些真正的「大師」，其實我還差得遠呢！

雖然這些老師的年齡都已近遲暮，不過「師父」這樣的意涵，並不會隨著年齡而改變。不管他們的年歲如何，師父就是師父，他們會永遠存活在我的心中。

所謂的禪僧，一般說來都是精於「話術」的。大概是因為從那個沒有Power Point，也沒有投影機的時代開始就向聽眾以「說話」的方式「弘法」為他們的傳統的緣故吧！

我的師父菅原義道老師常常會用足以撼動整個會場的大音量說話，但有時候他也會以感性的口吻說出令全場為之動容的話語。他說話時不但「抑揚頓挫」，而且投入相當多的「感情」在裡頭。

請各位也務必要找到一位屬於自己的老師。

然後緊緊跟隨著他，學習他的技術或是人格。

譬如你想要賺錢，雖然讀很多關於股票買賣的書也是一種作法，但我想直接成為股市名人或是賺錢高手的徒弟會來得快速一些。

我學習衝浪的時候也是一樣。我讀了很多衝浪的相關書籍，也看了不少的錄影帶，但就是學不好。

一直到衝浪界的名人，也是前日本衝浪冠軍的鈴木正先生給予指導之後，我才開始在衝浪板上站得起來。

所以擁有一位好的師父，是在精通一件事情上所必須具備的。

## ◉尋找良師的方法

但是應該要怎麼做才能找到自己的良師呢？

我想最好的方法就是出席進修課程或是參加演講。

不過討厭參加進修課程或演講的人很多也是不爭的事實。我想是因為這些場合會給人一種想睡覺、無聊、或是根本沒什麼用的印象吧。

但是就像我之前說過的，這些進修課程或是演講的講師好歹也是那方面的專家，所以積極出席就近聆聽是絕對有好無壞的。

當你找到一位心裡認定「就是他了！」的老師時千萬不要客氣，請積極地與他連絡，甚至表明願意當他的弟子。

生意上的師父以英文來說叫做「Mentor」或是「Mastermind」。

比起自學的錯誤百出，跟著師父學要來得有效率多了。

請你也積極地尋找自己的Mastermind吧！

## 讀書是項絕對划算的投資

### ◉將收入的十分之一用於投資自己

讀書是一項「自我投資」。

其中包括買參考書、字典，或是到學校去上課等金錢上面的投資，當然也包含了時間、勞力等方面的投資。

那麼在讀書方面，需要投資自己多少呢？

首先從要花多少錢這方面來思考好了。

例如「自己一個月花多少錢在買書上面呢？」、「學東西和考執照的總費用又是多少呢？」等等。

順道一提，年營業額新臺幣四兆多，遍布世界的公司員工超過三十萬人以上的美商奇異公司，每年花了新臺幣三百億以上在員工們的教育進修上。而且他們還在公司裡設了一個名為「克倫敦威爾教育中心」（Crontonville）的商業進修學校。

不只是舉辦公司內的進修活動，甚至還設置了一個專門的商業進修學校，他們對於教育員工的熱誠可真不比一般。

回頭看看我們這些「個人」，會花上兩三萬去喝酒的人比比皆是，不過卻很少看到會有人「花兩三萬去買書」。

很不可思議對吧？所以如果你有為自己的未來著想，就請一定不要吝嗇於對自己的投資。如果你讀的書就僅止於雜誌或漫畫的話，就太令人覺得可惜了。

有喝酒習慣的人，請將酒錢花在對自己的投資上吧。記住至少**將自己收入的十分之一花在對自己的投資上**。

以猶太人的講法來說，請將這十分之一當成是對「神」的獻金，所以這只是「代扣」而已。

我自己也將這十分之一當成是投資自己的最低底限。

對自己的投資，將來一定會以數百倍的報酬回饋到自己身上。也許你在做的當下未察覺到，但往後你一定會慶幸「當初能這麼做真是太好了」、「當初有讀書真是太好了」。

## ◉Sky is the limit

人的思考沒有「極限」。會感受到極限的，只有心而已。

基本上，我們的「頂點」或所謂的極限，其實遠比自己想像中來得高。明明自己的頂點還在更高的地方，但卻因為看輕自己而被低估了。

聽說一般人的潛力只發揮了二二%而已。也就是說，大多數人還殘存著七八%的潛力尚未發揮。

英文裡有句話叫做「Sky is the limit」，也就是任何事都是沒有極限的意思。

如果你是業務員，你覺得一天的營業額是多少才算是「一般行情」呢？此外，你認為自己的營業額會是多少呢？類似問題的答案，就是你思考的極限了。

如果有人回答「我可以輕鬆做出三倍以上的營業額」呢？

你一定不會相信吧！

其實問題就出在思考方法上。天空無限高，但如果你自認為有極限，它就有極限。

證據就是「如果你一天不做出三倍以上的營業額，就會被判死刑」的話，相信無論任何人都會拼命做出這個目標。也就是說，所謂的極限根本不存在。

這稱之為「斷頭臺法則」。

所以從今天開始，你要記住Sky is the limit這句話。「如果這個單字今天沒有背起來的話我就會被砍頭！」請向自己宣示這樣的決心，並付諸實行。

此外，要將自己的「極限」往上推高，就要認真思考「要怎麼樣才能實現這個願望，達成這個目標？」

以工作來說，「這個部分也許自己做不完，不如請A幫我完成吧」、「這個部分請B教我吧」等等，你可以像這樣去思考實踐的具體方法。

如此一來許多想法、思考以及點子，都會應運而出。

而且如果你能將這些計畫成功地實踐，一定會有很高的成就感。於是你就可以設定更遠大的目標。

請各位務必運用手上這本書砥礪自己讀書，並發掘出自己的潛在能力，讓自己未來的人生大放異彩。

## 第8章 重點

◎事先決定該讀什麼

◎教導他人能加深自己的理解程度

◎每個人都會有低潮

◎只要能度過最初的四分鐘，以後就輕鬆了

◎競爭對手和師父是讓自己成長的原動力

◎將收入的十分之一投資在自己身上

國家圖書館出版品預行編目資料

想加薪？多讀書！——職場無敵箱田讀書法 /
箱田忠昭著；彭建榛譯. －初版. －臺北縣新店市 ：
智富, 2007.12
面；　公分. --（風向 ； 16）

ISBN 978-986-83469-3-2（平裝）

1. 讀書法　2. 學習方法

521.19　　96022800

風向 16

# 想加薪？多讀書！職場無敵箱田讀書法

作　　者／箱田忠昭
譯　　者／彭建榛
總 編 輯／申文淑
責任編輯／傅小芸
封面設計／鄧宜琨
出 版 者／智富出版有限公司
發 行 人／簡安雄
地　　址／（231）台北縣新店市民生路 19 號 5 樓
電　　話／（02）2218-3277
傳　　真／（02）2218-3239（訂書專線）
（02）2218-7539
劃撥帳號／ 19816716
戶　　名／智富出版有限公司
單次郵購總金額未滿 500 元（含），請加 50 元掛號費
酷 書 網／ www.coolbooks.com.tw
排　　版／辰皓國際出版製作有限公司
印　　刷／世和印製企業有限公司
初版一刷／ 2007 年 12 月
三刷／ 2009 年 3 月

I S B N ／ 978-986-83469-3-2
定　　價／ 240 元